W0311983

LE DÉFI DE L'ARGENT

GEORGE SOROS

LE DÉFI DE L'ARGENT

Adaptation de Bernard Poulet
avec Byron Wien et Krisztina Koenen

PLON

Titre original :
SOROS ON SOROS
(John Wiley & Sons, Inc., New York)

Traduit de l'anglais par Hélène PROUTEAU

Le Code de la propriété intellectuelle n'autorisant, aux termes de l'article L. 122-5, (2° et 3° a), d'une part, que les « copies ou reproductions strictement réservées à l'usage privé du copiste et non destinées à une utilisation collective » et, d'autre part, que les analyses et les courtes citations dans un but d'exemple et d'illustration, « toute représentation ou reproduction intégrale ou partielle faite sans le consentement de l'auteur ou de ses ayants droit ou ayants cause est illicite » (art. L. 122-4).
Cette représentation ou reproduction, par quelque procédé que ce soit, constituerait donc une contrefaçon sanctionnée par les articles L. 335-2 et suivants du Code de la propriété intellectuelle.

© 1995, by George Soros.
© Plon, 1996, pour la traduction et la version française.

ISBN 2-266-08216-7

INTRODUCTION

Ce n'est pas au poids de ses milliards qu'il faut peser cet homme contradictoire, ce Crésus spéculateur, navré que nos valeurs ne se mesurent plus qu'à l'étalon de l'argent. George Soros, qui se voudrait un « homme d'Etat sans Etat » et que le *Wall Street Journal* qualifie d' « enfant terrible de la finance », échappe à toute définition simple, au point d'être insaisissable. Pour le grand public, il est d'abord l'incarnation de ces puissants et inquiétants « marchés financiers », maîtres du monde moderne. Soros est la face visible et toujours mystérieuse de la mondialisation qui est en train de nous avaler et, du trente-cinquième étage de son immeuble de Manhattan, à New York, dominant les allées verdoyantes de Central Park, la salle des marchés du Quantum Fund a en effet des allures de cabine de pilotage interplanétaire.

Soros est un mythe, ce qui lui vaut d'être l'objet d'attaques virulentes, voire haineuses, et le plus souvent injustes. Sa renommée sulfureuse, il la doit sans doute à un exceptionnel talent financier qui a fait de lui le plus redoutable manipulateur des marchés en même temps que l'un des hommes les plus riches du monde. C'est en 1992 qu'il accède au firmament de cette gloire ambiguë en réussissant l'un des plus beaux coups financiers du siècle. En quelques jours, sentant la faiblesse de la monnaie britannique, il mobilise quelque dix milliards de dollars (cinquante milliards de francs) contre la livre sterling. La Banque d'Angleterre vacille sous les assauts de la spéculation et finalement doit dévaluer la livre et la faire sortir du Système monétaire européen (SME). La spéculation internationale l'a emporté, et Soros, devenu l'« homme qui a cassé la Banque d'Angleterre », a empoché plus d'un milliard de dollars (cinq milliards de francs) en une semaine. La presse se déchaîne, le roi des marchés devient une « sangsue américaine » qui se nourrit des malheurs des contribuables européens.

Soros, c'est l'odeur de l'argent, la puissance des marchés apatrides, tout ce que la culture catholique française abhorre ou redoute. Chez nous, l'argent gagné en Bourse a encore quelque chose de dégoûtant, même si l'on oublie un peu vite que nos banques, bien maladroites il est vrai, et les grandes entreprises françaises se sont depuis longtemps lancées sur les marchés spéculatifs. Qu'importe ! L'image lointaine de Soros, « gourou » diabolique, Juif, Hongrois, naturalisé Américain, conforte trop bien ce mépris instinctif pour les marchés financiers qui, dans notre pays, continue à voir dans la réussite et le profit à peine mieux qu'un crime. Ainsi, Alain Juppé, notre Premier ministre énarque qui voudrait confondre financier et inspecteur des Finances, n'a-t-il pu s'empêcher de dénoncer les « gnomes de Londres », pointant sans le nommer George Soros, lors d'une offensive de la spéculation contre le franc, en été 1993. Juppé s'est gardé de s'interroger sur les erreurs économiques qui avaient affaibli la monnaie nationale.

Ce serait une grosse erreur de réduire George Soros à cette image caricaturale. L'homme a trop de facettes et réserve trop de surprises. Ainsi est-il, lui le spéculateur, un adversaire farouche de ce que nous appelons la pensée unique et de l'idéologie de l'ultralibéralisme, celle du « laisser-faire ». Ce roi de la spéculation ne croit pas à la nécessité de courber le dos sous le diktat des marchés et s'irrite d'entendre nos hauts fonctionnaires français répéter qu'« il n'y a pas d'autre politique possible » ! Plus encore, il lance des cris d'alarme face au développement anarchique des flux financiers : nous risquons, assure-t-il, de connaître des ennuis pires qu'au cours des années trente si nous ne réagissons pas très vite. C'est le spéculateur, expert des Bourses et des valeurs, qui nous crie « au feu » et qui, face aux démences du laisser-faire triomphant, nous dit « au fou ! ».

Car ce gourou a des humeurs de prophète. Les Européens de l'Est le savent depuis plus longtemps que nous. Au début des années quatre-vingt déjà, son nom circulait comme un mot de passe parmi les dissidents du monde communiste, en particulier dans sa Hongrie natale, où il avait ouvert sa première fondation, destinée à promouvoir les idées de la « société ouverte ». Depuis, vingt-quatre autres fondations ont été installées dans presque tous les pays de l'ancien bloc communiste mais aussi en Afrique du Sud et aux... États-Unis.

Leur objectif est partout le même : soutenir les valeurs démocratiques de la société ouverte. Soros y investit la moitié de ses revenus et, dit-il, 80 % de son temps. Il finance des projets culturels et scientifiques, aide des écrivains, des artistes, la presse indépendante et démocratique. Il ne le fait pas par bonté d'âme ni par charité – mot qui lui fait horreur – mais pour défendre les principes de liberté et de droits de l'homme. Son idéalisme n'a rien à voir avec la bienfaisance. Il n'hésite pas à se taxer lui-même d'égoïste convaincu, mais son ego est trop puissant pour se contenter de satisfaire ses propres besoins.

La sincérité de George Soros est désarmante. On voudrait lui demander ses secrets, la pierre philosophale qui lui permet de transformer en or tout ce qu'il touche. Mais le sait-il lui-même ? A soixante-six ans, ce milliardaire, capable de « faire de l'argent » et de le dépenser plus vite que personne au monde, patron d'un empire financier estimé à douze milliards de dollars, responsable d'un fonds d'investissement qui grossit en moyenne de 35 % par an depuis 1969, ce gourou aux doigts d'or continue à s'interroger sur le sens de son existence avec la fraîcheur d'un adolescent.

Souvent, une vie ne suffit pas à l'homme pour se connaître. Encore moins à se raconter quand, durant son existence, on s'est exercé à se dissimuler, à pratiquer une discrétion apprise dans son enfance, avec la mort pour enjeu. Le souvenir en remonte à 1944, en Hongrie. George avait quatorze ans et ne s'appelait pas encore Soros. Le petit garçon était juif et venait à peine de s'en rendre compte. Ses parents, qu'il adorait, étaient des bourgeois aisés de Budapest. Tivadar, son père, choisissait de profiter de la vie après avoir failli la perdre en 1917 dans un camp de prisonniers de la Russie révolutionnaire. La famille passait l'été dans une maison sur une île du Danube et l'hiver à la neige. George admirait ses parents et pour ceux-ci il était, en effet, le centre de l'univers. « Je les aimais tous les deux tendrement, explique-t-il, mais ils étaient très différents et j'ai intériorisé la tension qu'il y avait entre eux. Cette tension a été le moteur de ma vie. »

La guerre était là. Les nazis entraient dans Budapest en ce printemps 1944, brisant à jamais le monde harmonieux du petit George, ouvrant devant lui une ère d'insécurité qui se referme à peine aujourd'hui, à l'automne de sa vie. Entre la Gestapo et les SS, sous des identités d'emprunt, il lui fallut apprendre à survivre. « Cet art de la survie m'a été enseigné par un grand maître, mon père », explique-t-il. La maîtrise de soi et le détachement étaient ses seules armes pour échapper à la mort nazie. Plus tard, le self-control, la capacité à juger très vite les situations, à effectuer des choix sans hésiter et sans montrer ses sentiments seront les armes redoutées du financier George Soros. « C'est en entretenant ce sentiment d'insécurité que j'ai pu gagner beaucoup d'argent, reconnaît-il. C'est lui qui m'a permis d'être toujours en alerte, de devancer les problèmes, de savoir anticiper sur les marchés. »

Certes, mais il n'est pas donné à tout le monde de transformer un sentiment d'insécurité en or, de faire du Quantum Fund l'un des plus gros fonds spéculatifs *(hedge fund)* du monde : si vous y aviez investi cinquante mille francs en 1969, vous seriez aujourd'hui à la tête de soixante-cinq millions ! Il faut sans doute pour cela un sentiment très particulier de l'insécurité, ce que Soros, empruntant le concept à la théorie du chaos, définit comme la « dynamique des situations très éloignées de l'équilibre »... sur les marchés financiers comme face aux nazis.

En 1947, poussé par son père, qui sent venir la glaciation communiste, George quitte une Hongrie sur laquelle retombe le rideau de fer. A dix-sept ans il se retrouve presque seul à Londres et doit naviguer de nouveau entre l'imprévisible, l'insécurité et la solitude – ses parents resteront coincés en Hongrie jusqu'en 1956. Etudiant à la London School of Economics, il tombe sous le charme du philosophe Karl Popper. Après l'expérience du totalitarisme nazi puis stalinien, archétypes des sociétés fermées, il épouse ses thèses sur la « société ouverte », la démocratie capable de s'auto-organiser face à un « avenir ouvert ». Popper fonde sa réflexion sur le constat de notre connaissance imparfaite du réel et de l'histoire. Celle-ci « n'a pas de sens » mais nous pouvons lui donner une « signification ». « L'histoire, pas plus que la nature, explique Popper, ne peut nous indiquer ce qu'il faut faire. C'est nous qui y apportons un but et un sens. Les hommes ne sont pas égaux, mais nous pouvons décider de combattre pour l'égalité des droits. Nos institutions sociales ne sont pas rationnelles, mais nous pouvons tenter de les rendre plus rationnelles. Lorsque nous aurons cessé d'attendre de l'histoire un jugement et une justification, nous arriverons peut-être à exercer sur le pouvoir un contrôle efficace [1]. »

C'est l'époque où Soros rêve de devenir lui aussi un philosophe. Comprendre le monde : une passion qui ne le quittera jamais. C'est bien le moins quand, enfant, on se prenait pour Dieu ! Mais ce maître du monde en devenir qui avoue bizarrement « douter de lui » patauge dans le monde éthéré des concepts philosophiques. Il ne sera pas philosophe. D'autant qu'il faut bien vivre. C'est le temps des petits boulots. En 1956, il émigre aux Etats-Unis, sa

1. Karl Popper, *La Société ouverte et ses ennemis*, Éditions du Seuil, Paris, 1979.

future patrie d'adoption, qui commence par lui refuser un visa au prétexte qu'il est trop jeune et pas assez spécialisé !

Il fait ses armes à Wall Street, travaillant chez des agents de change et, soucieux de théorie, il rédige des rapports sur la situation économique internationale qui lui valent une première notoriété. En 1969, il crée le Quantum Fund, ce fonds de performance appelé à devenir l'une des plus formidables réussites de la spéculation moderne, une extraordinaire machine à faire de l'argent. Il excelle dans l'utilisation de nouveaux instruments financiers, fait flamber les Bourses, les monnaies, les marchés émergents. Les investisseurs qui lui ont fait confiance sont entraînés dans une spirale spéculative qui soulève les dollars comme le vent le sable du désert. En quelques années, George est devenu l'un des gourous des marchés mondiaux. Il avait échoué dans le monde des abstractions philosophiques. Il excelle dans celui, tout aussi abstrait, des instruments financiers et des marchés assistés par ordinateur. Lui qui n'avait rien, sinon son intelligence et son flair.

Dès lors, on pourrait l'imaginer lancé dans l'univers flamboyant de la jet-set, nouveau riche clinquant et exhibitionniste. Ce serait mal le connaître. Il a le tapage en horreur. Il ne possède ni avion privé, ni collection de tableaux, ni yacht. Il est trop complexe pour se satisfaire de sa réussite. Alors qu'il triomphe, il se met à douter : l'enfant déchiré entre l'amour de ses deux parents se réveille sous l'adulte glorieux, écartelé entre son succès et la signification de cette réussite. En fait, explique-t-il, « c'est le succès qui amena la crise, plus je réussissais, plus j'avais de raisons de m'interroger sur le sens de tout cela ». L'enfant angoissé était « devenu un gagneur d'exception pour maîtriser le perdant qui sommeillait » en lui, mais en construisant un mur d'argent autour de lui, brusquement, il se sentait prisonnier de ses milliards. Il rejouait, sans fausse honte, l'air ancien de « l'argent ne fait pas le bonheur ».

« En 1979, j'étais face à un dilemme faustien : étais-je maître de mon destin ou esclave de mon succès ? Pour réussir, je travaillais comme un chien. Pour supporter la tension, quand on joue sur les marchés, il faut respecter une discipline de fer. C'est extrêmement douloureux. Pour préserver mon succès, il fallait que j'entretienne mon sentiment d'insécurité. Et quelle était ma récompense ? Plus d'argent et encore plus de responsabilités, encore plus de travail et plus de souffrance. Car la souffrance était à la base de mon fonctionnement. Mon succès dépendait de ma capacité à me nier, à m'autocritiquer, finalement à me torturer. »

Maître d'un fonds déjà multimillionnaire, pour la première fois de sa vie il « prend le risque de perdre ». Il relâche sa discipline, laisse place au hasard et se met lui-même en déséquilibre en admettant l'idée de sa propre réussite. En bref, il baisse sa garde et joue avec le plaisir ambigu d'être enfin vulnérable. « Il fallait que j'accepte mon succès, dit-il, que je commence à prendre plaisir à la vie, même si cela devait me mettre en péril. » Rude période. Il se sépare de sa première femme, laissant trois enfants pour lesquels il confessera plus tard avoir été « un mauvais père ». Le « plus grand regret de sa vie », ajoute-t-il, en avouant qu'il ne les « laissait jamais gagner quand ils jouaient ensemble aux échecs ». Sa seconde épouse, Susan, raconte qu'à cette époque, lorsqu'ils se sont connus, Soros vivait à New York comme un « reclus urbain », dans un appartement à moitié vide. « Il ne voulait rien posséder, juste quelques valises de vêtements et de livres », explique-t-elle. Il n'acceptera de déménager qu'en 1985, avec la naissance du premier de ses deux autres fils (Alexander a aujourd'hui dix ans et Gregory, neuf. Ces deux-là, le père les laisse gagner, parfois, aux échecs).

A cette même époque, l'idée de la mort, qu'il avait refoulée, revient le tarauder. Pour la raison toute bête que, lors d'une promenade dans les rues de Londres, des douleurs dans la poitrine lui font craindre une crise cardiaque. « Alors, me suis-je demandé, à quoi bon ? La lutte entre moi et ma création devenait dramatique. » Le relâchement de sa discipline a d'abord des effets étonnants, apparemment positifs : les deux premières années de cette nouvelle période, le Quantum Fund quadruple sa valeur. Il atteint quatre cents millions de dollars. Mais, en 1981, ses affaires dérapent. Le fonds était devenu « comme un parasite pour moi, explique-t-il, il suçait mon sang et aspirait mon énergie ».

Avec, encore une fois, cette stupéfiante sincérité, flirtant avec l'autodestruction, Soros avertit ses associés qu'il ne se sent plus la main. Plusieurs préfèrent aller voir ailleurs. La rumeur court que le roi Midas a perdu sa magie. En 1981, le fonds perd la moitié de sa valeur. Cela menace de se transformer en Berezina et Soros doit se remettre aux commandes pour éviter un naufrage que, finalement, il ne peut tolérer. Mais il veut échapper à ce destin et continue de se chercher un successeur. En vain. Comme tout patron-fondateur de PME, il a sans doute du mal à accepter qu'on puisse faire aussi bien que lui. C'est seulement en 1988 qu'il recrute Stanley Druckenmiller à qui, non sans quelques grincements, il finira par laisser la gestion opérative quotidienne du fonds. « Mon fonds a perdu sur une année, mais moi j'ai gagné pour toute ma vie. J'ai réussi à redevenir maître de mon destin. C'est moi qui ai remporté la bataille et ma création qui l'a perdue. » Il accepte enfin l'idée d'avoir un successeur... ou presque. « Dans cette équipe, Stan est le joueur de terrain, explique Soros l'air malicieux, et moi l'entraîneur, le coach. »

L'éloignement du boss s'est confirmé parce que, depuis la chute du communisme en 1989, Soros consacre l'essentiel de son temps à l'œuvre qui lui est la plus chère, celle de ses fondations, un second empire constitué cette fois d'hommes et de femmes réels, d'êtres de chair et de sang, et non plus de signes abstraits de la Bourse. « Jusque-là, reconnaît-il, j'avais souffert d'un sentiment de solitude. J'ai toujours eu de grandes difficultés à établir de véritables relations avec les autres. J'ai refusé que les gens aient une allégeance personnelle envers moi. Je ne veux pas qu'ils se mêlent de ma vie et je ne veux pas me mêler de la leur. » Pour Soros, argent et puissance n'en finissent pas de se conjuguer avec solitude. Pendant longtemps, il se méfia de ses semblables, ne comprenant pas, admet-il avec une froideur d'analyste financier, qu' « on pût réellement éprouver de l'amour ». Il fallut que sa mère meure – en 1989 justement – pour qu'il s'ouvre au monde incertain des sentiments. Vingt ans plus tôt, il n'avait pas vu disparaître son père. Cette fois, il accompagne la vieille dame au cours de ses derniers instants. « Ce ne fut pas inacceptable, ni même horrible comme je l'avais craint. L'expérience de cette mort fut pour moi la preuve que l'amour était l'antidote de la mort. C'est la première fois que j'ai compris ce qu'était l'amour. Jusque-là, je ne réalisais pas qu'en s'occupant d'autres personnes, on pouvait transcender sa propre mort. Ce fut pour moi l'occasion d'accepter l'amour autrement que comme une simple hypothèse. »

Donc, même si le mot lui écorche la bouche, il se lance dans l'aventure humanitaire. Avant 1989, son action permet à des dizaines d'intellectuels et d'opposants d'Europe de l'Est de trouver un peu d'oxygène sous le totalitarisme, parfois simplement de survivre. Dès la chute du Mur de Berlin, il fait campagne en faveur d'un vaste plan Marshall *bis* pour l'Est. Il écrit à tous les dirigeants occidentaux, mobilise ses réseaux, mais il a l'impression de prêcher dans le vide. Quand Bill Clinton le reçoit à la Maison Blanche, Soros veut lui parler de la Bosnie et le président américain l'interroge uniquement sur l'évolution des cours de la Bourse...

Puisque les gouvernants ne l'écoutent pas et n'agissent guère, Soros se débrouillera seul. En donnant trois cents millions de dollars par an – la moitié de ses revenus personnels –, il joue les bonnes fées capitalistes dans les nations post-communistes. De l'avis général, il a eu un rôle stratégique dans la stabilisation de plusieurs pays. Un peu partout, il joue les pompiers bénévoles : ainsi, sans exagération, on peut dire qu'il apporte une contribution décisive à la paix quand, en décembre 1992, il crée une fondation scientifique en Russie. En finançant l'activité des laboratoires de recherche et en offrant une bourse de cinq cents dollars à chacun des trente mille scientifiques de pointe russes, il aide à enrayer une dangereuse fuite des cerveaux. Grâce à lui, beaucoup de spécialistes de l'atome russes ont résisté aux sirènes des Etats plus ou moins terroristes qui voulaient les recruter pour construire leurs bombes.

Il rétablit l'approvisionnement en eau de Sarajevo pendant la guerre, installe l'informatique dans les écoles roumaines, secourt les gitans brinquebalés par les guerres balkaniques, soutient les premières réformes en Ukraine, connecte les universités russes à Internet, crée une Université d'Europe centrale à Prague et Budapest, etc. Ses fondations enseignent partout la tolérance, le respect des minorités, les valeurs démocratiques.

Mais l'opinion occidentale, comme ses interlocuteurs gouvernementaux, ne s'intéresse guère qu'à sa réussite financière. Pour s'extasier, comme les Anglo-Saxons, ou pour s'en indigner, comme en France. Symbole de la « spéculation internationale », Soros n'est guère en cour à Paris où, chez les « gens bien », il est toujours mal vu de parler d'argent. Il rencontre beaucoup de monde lors de ses passages dans la capitale française, mais personne ne souhaite s'afficher en public avec lui. Le Zorro des places boursières n'est pas fréquentable au pays des inspecteurs des finances. Finalement, George Soros est devenu célèbre pour de mauvaises raisons : ses grands coups spéculatifs. Lui qui rêve de changer le monde, d'enseigner les vertus de la démocratie et de la tolérance à ses semblables, ne brille que par son argent. « Pourtant, explique-t-il, c'est justement parce que je n'attache pas d'importance à l'argent que je peux en donner. » Mais qu'importe, il s'est réconcilié avec lui-même. « J'ai fait passer mes fantasmes dans la réalité et c'est une libération, confesse-t-il. Si l'on croit qu'on est quelqu'un de spécial et que personne ne s'en rend compte, on risque de devenir fou. Parfois, je l'ai redouté. Ce n'est plus le cas aujourd'hui. Ma vie est ma création, mon œuvre, et je crois qu'elle est réussie : j'ai développé tout le potentiel qui était en moi. Sans aller au-delà. »

Bernard POULET.

1

LE SPÉCULATEUR, LA FRANCE ET LA CRISE DU CAPITALISME

Comment peut-on à la fois être le symbole de la spéculation internationale et le critique féroce du système économique du « laisser-faire », de l'ultralibéralisme? Soros assume la contradiction sans complexe. Il n'a pas honte d'être un spéculateur. Au contraire. Et c'est fort de son expérience des marchés financiers qu'il peut nous mettre en garde contre les énormes risques engendrés par un système financier déboussolé. Qu'il peut aussi critiquer la pensée unique des hauts fonctionnaires français...

George Soros, vous êtes milliardaire, spéculateur, américain, juif d'origine hongroise, philanthrope et moraliste à la fois. N'est-ce pas un peu trop?

Non, tout se tient. Beaucoup d'hommes sont confrontés aux contradictions de leur nature. Il m'a fallu toute une vie pour donner une unité aux différents traits de ma personnalité. J'ai dû faire un effort pour intégrer tous ces aspects qui pouvaient sembler contradictoires, et qui peut-être l'étaient. J'espère, à soixante ans passés, y être arrivé.

Accepteriez-vous d'être traité de « spéculateur »?

Quand on m'a décerné un doctorat *honoris causa* à Oxford, j'ai moi-même suggéré qu'on me définisse comme « financier et spéculateur, philosophe et philanthrope ». L'Université d'Oxford a trouvé ce descriptif un peu excentrique.

En France, vous êtes considéré comme le symbole des « gnomes de Londres », pour reprendre une expression d'Alain Juppé, l'incarnation de la spéculation internationale. Est-il vrai que des gens comme vous sont aujourd'hui capables de faire la politique mondiale ? Les spéculateurs ne risquent-ils pas de déstabiliser les systèmes démocratiques ?

D'abord, mes bureaux se trouvent à New York, pas à Londres. Mais admettons que je corresponde à la définition d'Alain Juppé, tout au moins lorsqu'on parle des investisseurs professionnels ou de ceux qui spéculent sur les monnaies. Quels que soient les clichés, nous ne dirigeons pas le monde, même si notre influence sur les marchés est bien sûr très importante. Si des gens comme moi peuvent faire chuter des gouvernements, c'est qu'il y a quelque chose de détraqué dans le système !

L'instabilité des marchés financiers fait certainement peser un danger sur les sociétés ouvertes. Cependant l'absence de marchés financiers serait encore plus grave car ce serait la négation d'une société ouverte globale. Les autres pouvoirs, politiques et économiques, doivent aussi être contrôlés et les marchés le font très bien. C'est pourquoi j'insiste : il est certes nécessaire de mieux les organiser, il ne s'agit surtout pas de les supprimer.

Vous rendez-vous compte de ce qu'il peut y avoir de choquant pour un chômeur français de vous voir interviewé en 1993 dans votre piscine par TF1 au moment précis où se déchaîne la spéculation contre le franc ? En barbotant dans l'eau, vous distribuez des verdicts qui peuvent signifier encore plus de difficultés pour les gens ordinaires à l'autre bout de la planète...

Permettez-moi de vous corriger. Ce qui peut paraître choquant, et ce qui l'est en effet pour le chômeur symbolique que vous citez, est le fait qu'il vive dans le dénuement, voire dans la misère pendant que d'autres possèdent une fortune.

Nous touchons là le problème des inégalités. Hélas, il ne

sera pas résolu par l'élimination de ceux qui font de l'argent. L'expérience a été tentée. Elle a produit les effets qu'on a connus dans les pays communistes.

Cependant, j'admets qu'il y a quelque chose de choquant à gagner, comme moi, autant d'argent avec de l'argent. J'y reviendrai quand nous parlerons des dérives d'un certain libéralisme.

Quant à mon plongeon dans la piscine, j'ai conscience d'avoir commis une grossière erreur en me laissant interviewer ainsi. Le journaliste français voulait me montrer à son public sous un jour caricatural. Il y est parvenu d'autant plus facilement qu'en France on se méfie beaucoup des « nouveaux riches » et que la piscine, dont sont équipées d'innombrables résidences secondaires, reste quand même le symbole d'une richesse oisive. Si l'interview avait eu lieu dans mon bureau et non pas dans ma piscine où, en réalité, je ne passe guère de temps, cela n'aurait pas laissé cette impression négative.

Mais j'ai commis une autre erreur : contrairement à ce qui fut écrit, je ne spéculais pas contre le franc à l'époque car je voulais être libre de dire tout ce que je pensais sur la crise européenne. J'ai fait là une confusion des genres : les spéculateurs doivent spéculer et se taire. En me présentant comme un consultant, je suis sorti de mon rôle. Depuis, j'ai compris que je n'avais pas à donner des conseils lorsqu'on ne souhaitait pas que je le fasse. D'ailleurs, le statut de « gourou » financier que m'a valu mon coup spéculatif sur la livre britannique en 1992 est injustifié et dangereux. Injustifié, parce que aucun acteur du marché ne dispose de pouvoirs surnaturels pour prévoir l'avenir. Et dangereux car, si je m'en tiens à ma propre conception, les marchés sont justement dominés par des idées fausses, et les soi-disant gourous risquent de les conforter. Heureusement pour moi, je suis conscient de ces dangers et j'essaye de ne pas abuser de ma position.

Vous savez que le mot même de « spéculateur » a une très mauvaise connotation en France : il s'agit de quelqu'un qui gagne énormément d'argent sans investir dans la production. Beaucoup de Français considèrent que c'est du parasitisme, que c'est immoral.

Je crains qu'en France on ait encore beaucoup de mal à comprendre comment fonctionnent les marchés financiers. On croit que tous ceux qui y participent sont des joueurs, des aventuriers. Cette conception remonte probablement à l'époque où l'économie était complètement réglementée : les spéculateurs étaient alors des gens qui enfreignaient les règles ou qui se livraient au marché noir. Il ne s'agit pas du tout de cela aujourd'hui. Les spéculateurs professionnels, comme moi, respectent scrupuleusement les règles et, personnellement, je n'ai aucune interrogation morale sur la nature de mes activités financières, même si je considère que les marchés ne sont pas assez surveillés et que leurs réglementations devraient être renforcées.

Condamner les spéculateurs revient à couper la tête du messager qui apporte de mauvaises nouvelles. Si quelqu'un est à blâmer, ce sont les responsables politiques et économiques qui prennent de mauvaises décisions. Quand la spéculation délivre de « mauvaises nouvelles », c'est parce que les politiques ont échoué. Bien sûr, les dirigeants préfèrent se défausser sur les spéculateurs, à l'instar de ce ministre des Finances français qui avait parlé de « pendre les spéculateurs aux lampadaires » ! Je ne vois rien d'immoral dans le fait de gagner de l'argent en respectant les lois et les règles du marché. En revanche, si par moralité on entend tout ce qui contribue au bien-être général, j'admets que la spéculation est sinon immorale, du moins amorale, car le seul but du spéculateur est de s'enrichir personnellement et non d'enrichir la société. Il ne se préoccupe pas des effets de son activité sur le reste de la société. En Grande-Bretagne, certains me reprochent d'avoir fait chuter la livre en 1992, d'autres m'en félicitent. Ils ont tous tort, car lorsque j'ai joué la dévaluation de la monnaie britannique et gagné des sommes considérables, je ne me préoccupais pas de l'intérêt public. Je me suis contenté de spéculer en respectant les règles pour le seul profit de mon fonds d'investissement, de mes actionnaires et de moi-même. D'ailleurs, si l'on se comporte autrement, il est impossible de gérer un tel fonds, et personne ne vous confiera son argent !

Donc, la fin justifie les moyens ?

Les moyens sont clairement définis et réglementés. Je ne tue ni ne vole personne, j'agis légalement. En France, on entretient peut-être une certaine confusion sur la définition de la moralité, et elle mériterait d'être dissipée. C'est un vaste sujet, mais pour ce qui concerne les marchés, financiers ou autres, là où il existe des moyens légaux d'opérer, il n'est pas immoral de s'en servir. En revanche, je suis moi-même choqué par les quantités d'argent que je peux gagner sur les marchés et c'est probablement l'une des raisons qui m'ont conduit à donner la moitié de mes revenus à des activités philanthropiques. Entendons-nous bien, ce n'est pas parce que j'ai un sentiment de culpabilité, ni pour me racheter. Lorsque j'ai créé ma Fondation, c'était uniquement parce que je voulais défendre les valeurs de la société ouverte. Si je ne l'avais pas fait, j'aurais progressivement réduit mes activités financières car j'ai de la peine à imaginer ce qu'un individu seul pourrait faire avec tout l'argent que j'ai réussi à gagner. Mais aujourd'hui, afin de poursuivre l'œuvre des fondations, j'ai choisi de continuer à produire de l'argent.

Il ne faut pas en conclure que je pose au défenseur inconditionnel du système actuel : j'opère dans le cadre du système mais je le critique sérieusement. Les mécanismes actuels du marché ont acquis trop d'importance dans nos sociétés, au détriment des valeurs de la société ouverte, ce concept élaboré par le philosophe Karl Popper. Je ne crois pas qu'aujourd'hui le danger qui la menace directement à court terme vienne des sociétés fermées – communistes ou fascistes – mais plutôt de l'expansion sauvage des mécanismes du marché. Dans les sociétés fermées, l'Etat occupe une place trop importante, mais dans nos systèmes ce sont les mécanismes du marché qui sont devenus trop déterminants.

On se fait des illusions. Beaucoup d'économistes soutiennent que les marchés répartissent au mieux les ressources financières, conduisant à des situations d'équilibre. Je pense le contraire : mon expérience des marchés m'a montré qu'ils tendent aussi souvent vers le déséquilibre. Et si l'on ne prend pas des mesures pour les stabiliser, il y aura de graves accidents, car les déséquilibres des marchés sont cumulatifs. Plus ils persistent, plus la situation devient instable.

Mais, devant un public français, je n'aime pas trop insister sur cette critique car la France me paraît encore très loin de fonctionner comme une économie de marché normale. Il y a trop d'étatisme en France. On y accorde trop de valeur à la gestion par de brillants sujets, éduqués dans les institutions de l'élite, et qui croient connaître les règles du marché mieux que tout le monde.

Voulez-vous dire que les élites françaises ne sont pas à la hauteur des défis modernes ?

Je suis inquiet de l'arrogance des élites françaises qui s'écoutent parler et ne prêtent pas attention au monde réel, pas même à l'humeur de leurs concitoyens. Elles pensent savoir mieux que les gens ce qui est bon pour eux. L'élite française est fondée sur l'éducation. Elle est sans équivalent. Ainsi, je ne suis pas sûr qu'elle existe pareillement aux Etats-Unis, et même si les classes dirigeantes allemandes ou anglaises ont plus de traits communs avec leurs homologues françaises, nulle part ne fonctionne le système de grandes écoles, ENA ou Polytechnique, qui donne cet « esprit de corps » si particulier à votre pays. D'une certaine manière, la seule comparaison possible serait avec le Japon, où l'on trouve également des élites universitaires et un tout-puissant ministère des Finances.

En France, les inspecteurs des Finances deviennent des patrons d'entreprises, ils dirigent le pays. Ils ont fini par constituer une clique. Il se protègent les uns les autres et, au lieu de respecter de véritables règles de gestion, ces patrons, tous issus des mêmes grandes écoles, privilégient leurs relations incestueuses au détriment de la logique des marchés, de leurs actionnaires et de l'intérêt général. L'affaire d'Indosuez l'a bien montré : la société allait très mal mais l'élite dirigeante a réglé l'affaire en famille, en lésant les actionnaires. Ce type de capitalisme ne peut plus marcher car il tolère et couvre l'inefficacité des managers qui ne sont soumis à aucun véritable contrôle, à aucune sanction. Ce capitalisme est nuisible, finalement, aux contribuables. On l'a vu dans l'affaire du Crédit Lyonnais, une histoire incroyable pour un Américain ! On pourrait en dire autant de la plupart des entreprises publiques, Air France ou autres.

Cela pourrait mal tourner. Le peuple français a élu Jacques Chirac parce qu'il voulait un changement. Or il a la continuité. Si l'on ne parvient pas à provoquer un changement pacifique, il pourrait s'en produire de plus violents, surtout dans ce pays aux traditions révolutionnaires. Ce n'est pas une menace à court terme, mais, si la France n'est toujours pas sortie de la récession en 1999, date de l'échéance de la monnaie unique, l'humeur du peuple pourrait évoluer dangereusement.

Vous semblez de plus en plus pessimiste quant à l'avenir de nos sociétés et de l'économie de marché. Pourquoi dites-vous aujourd'hui qu'il faudrait réévaluer le concept de « société ouverte » que vous défendez depuis des décennies ?

Parce qu'une révolution a eu lieu en 1989. Les concepts de société ouverte ou fermée y ont joué leur rôle : le système qui s'est effondré à l'Est représentait la quintessence de la société fermée. Il n'a pas été remplacé par une société ouverte universelle. L'opposition société ouverte-société fermée élaborée par Karl Popper ne suffit plus à rendre compte de la réalité contemporaine. Le philosophe en avait développé le concept dans un livre publié en 1945, *La Société ouverte et ses ennemis*[1]. Il expliquait quelles étaient les valeurs défendues par l'Occident lors de la Seconde Guerre mondiale. Ensuite, face au totalitarisme communiste, ces valeurs semblaient encore s'imposer. Mais, après 1989, l'effondrement des systèmes de l'Est n'a pas conduit à l'établissement de véritables sociétés ouvertes, du moins dans la plupart des pays ex-communistes, où triomphent des régimes autoritaires et nationalistes. J'avais rêvé que la « révolution de 1989 » ouvrirait la voie à une société ouverte universelle, comme celle de 1789 avait posé les bases de l'Etat moderne. Rien de tel ne s'est produit.

La distinction établie entre sociétés ouvertes et sociétés fermées ne me paraît plus pertinente, ou du moins plus directement opératoire. Cette difficulté théorique pose la question de la validité des concepts universels à l'égard des situations politiques concrètes. Le communisme était un concept universel, tout comme la société ouverte. Le rejet et la chute du communisme devraient impliquer l'abandon de tous les concepts universels. Le cadre théorique qui semblait fonctionner jusqu'à l'effondrement du système soviétique n'est plus approprié. Avec la disparition de l'ennemi extérieur qui garantissait la cohésion interne, l'unité de la société ouverte disparaît aussi.

Aujourd'hui, on n'en a même pas conscience, on ne considère pas que c'est un idéal pour lequel on devrait être prêt à consentir des sacrifices. Quant aux citoyens de l'ex-empire soviétique, ils sont généralement trop préoccupés par de simples questions de survie pour entamer une réflexion véritable et, s'ils le font, ils ont plutôt tendance à

1. Karl Popper, *La Société ouverte et ses ennemis*, *op. cit.* Egalement publié en français : *Misère de l'historicisme*, Plon, 1956. *La Logique de la découverte scientifique*, Payot, 1973. *La Leçon de ce siècle*, Anatolia, 1993. *La Télévision : un danger pour la démocratie*, Anatolia, 1995.

rejeter les concepts universels. Donc, il faut soit abandonner totalement le concept de société ouverte, désormais considéré comme inopérant, soit l'ajuster à la nouvelle situation, le repenser.

Pour moi, il demeure un instrument pertinent. Pendant les cinq ou six années qui ont suivi la chute du Mur de Berlin, j'ai consacré presque toute mon énergie au monde ex-communiste. Récemment, j'ai tourné mon attention vers nos sociétés ouvertes pour essayer de comprendre ce qui ne va pas.

N'est-ce pas une prévision très pessimiste qui témoigne d'un certain désenchantement devant la passivité de nos sociétés ?

Oui, j'ai été très déçu par les réactions de l'Occident face à l'effondrement du système soviétique et j'ai mal évalué la nature de la passivité occidentale. J'ai d'abord cru que, face à une telle révolution, l'Ouest ne parvenait pas à comprendre ce qui se passait, et que, lorsqu'il comprendrait, il serait prêt à faire des efforts pour favoriser le développement de la société ouverte dans ces pays. J'ai été profondément choqué de découvrir qu'il ne s'agissait pas de cela : certes, l'Occident n'a pas bien réalisé ce qui se passait, mais quand ce fut le cas, il a refusé de fournir l'aide nécessaire. Mon erreur de jugement tient à ce que je croyais que la mobilisation qui avait eu lieu à la fin de la Seconde Guerre mondiale allait se répéter. A cette époque, il existait un objectif commun : la défaite du nazisme et du totalitarisme, et une foi militante en faveur de la société ouverte et de la démocratie. Il y eut, par conséquent, le plan Marshall. En 1989, je pensais que l'Occident n'avait pas changé, qu'il lancerait de nouveau un grand plan. Or les valeurs occidentales n'étaient plus les mêmes, les valeurs de la société ouverte avaient été remplacées par celles de la magie des marchés, de l'idéologie du laisser-faire, de la survie des plus aptes, le darwinisme social, etc.

Quand j'ai mesuré mon erreur, j'ai dû en conclure que l'Occident était déboussolé. Ses prétendues valeurs mettent en danger la société ouverte non pas directement comme le totalitarisme, ni de manière intentionnelle, mais avec des effets peut-être plus redoutables que le communisme, qui, lui, a été discrédité. Il y a un risque sérieux lorsque les citoyens des pays démocratiques se contentent de satisfaire leurs intérêts égoïstes. La société ouverte peut être menacée par une liberté individuelle excessive, de même que le relâchement de l'action gouvernementale peut engendrer une instabilité dangereuse et des inégalités intolérables.

Quelles sont les failles de nos sociétés?

La définition même de la société ouverte par Popper prenait en compte ses faiblesses. Dans la mesure où cette théorie est fondée sur l'idée que la connaissance des hommes est imparfaite, la société ouverte ne peut que l'être aussi, comme toutes les créations humaines. Il n'est donc pas surprenant que la société ouverte ait des défauts. Si elle n'en avait pas, ce ne serait plus une société ouverte.

Mais le principal défaut que l'on discernait mal jusque-là est l'absence de valeurs communes au sein des sociétés ouvertes. Ce constat, la prise de conscience d'une exigence de valeurs, ne doit pas être assimilé à une attitude conservatrice ou fondamentaliste. Les fondamentalistes veulent combler le vide avec des valeurs rigides, de prétendues vérités éternelles. Leurs égarements ne devraient pas nous empêcher de reconnaître notre besoin de valeurs.

Une société ouverte ne saurait exister sans valeurs partagées. C'est pourquoi je propose que la société ouverte elle-même soit posée comme une valeur fondamentale pour laquelle nous devrions faire des sacrifices. Elle est plus qu'un système dont nous profitons en cherchant à assouvir nos désirs égoïstes. Il n'y a pas de société ouverte si ses membres ne la considèrent pas comme une valeur en tant que telle. C'est la conclusion que je retire de mes expériences depuis 1989.

Que reprochez-vous à la doctrine du laisser-faire ?

L'idéologie du laisser-faire prétend être autosuffisante. Elle soutient que le système du marché n'a pas besoin d'efforts particuliers pour être préservé. Elle affirme posséder des bases scientifiques, en l'occurrence la théorie économique qui voudrait que les marchés tendent naturellement à l'équilibre. Cette théorie serait valide si ses prémisses étaient vraies. Mais voilà, les prémisses étaient que, pour aboutir à une concurrence parfaite, les acteurs économiques devaient avoir une connaissance parfaite des conditions du marché. Ce postulat n'est pas soutenable. On a remplacé la connaissance parfaite par l'information parfaite, ce qui est également impossible. Non seulement le marché dispose de nombreux moyens pour modifier la demande, mais l'information est tributaire de la connaissance qui, elle, est imparfaite. Le concept de l'individu indépendant, capable d'établir son propre jugement, idée qui vient des Lumières, ne correspond pas à la réalité. Les marchés sont fondamentalement instables, contrairement à ce que prétendent les idéologues du laisser-faire, qui s'opposent à toute forme d'intervention visant à rétablir un peu de stabilité. L'histoire a démontré que les marchés financiers peuvent s'effondrer, en provoquant des dépressions économiques et des troubles sociaux, ou pire, des régimes totalitaires.

Bizarrement, le laisser-faire n'est pas vraiment une idéologie nouvelle : il avait déjà triomphé à la fin du XIXe siècle, période de mondialisation, de grande prospérité. Mais elle ne dura pas et elle s'est terminée par une catastrophe. Il existe beaucoup de similitudes avec les conditions que nous connaissons aujourd'hui : liberté de circulation des capitaux, plus grande liberté de circulation des individus – je dis « plus grande » puisqu'on n'avait même pas besoin de passeport à l'époque –, des marchés globaux, très peu d'obstacles au commerce, un enthousiasme pour la liberté commerciale qui stimulait l'activité. Mais l'élan fut brisé par la Première Guerre mondiale, puis cela devint pire au cours de l'entre-deux-guerres.

Lorsque j'ai commencé mes études, la théorie du laisser-faire était totalement obsolète. Elle avait été remplacée par le keynésianisme, par différentes formes d'ingénierie sociale. A cette époque, personne n'imaginait que la théorie du laisser-faire puisse ressusciter.

Pourtant, cinquante ans plus tard, le laisser-faire connaît une seconde vie. Il est essentiel de repenser la première expérience pour se rendre compte que l'ultralibéralisme est destiné à échouer, d'autant que la première période du laisser-faire était plus stable que l'ère actuelle. Si nous ne tirons pas vite les leçons de ce passé, nous risquons de nouvelles catastrophes.

La période que nous vivons est-elle plus dangereuse que la fin du siècle dernier ? Croyez-vous vraiment que nous sommes menacés par une nouvelle guerre mondiale ?

La situation actuelle ressemble au tournant des XIXe et XXe siècles. C'était l'âge d'or du capitalisme et du laisser-faire. La puissance dominante était l'Angleterre, principale bénéficiaire du système commercial de l'époque, prête pour cette raison à engager ses canonnières partout où elle le jugeait nécessaire pour maintenir sa position. Le Royaume-Uni jouait un rôle de gendarme plus efficace que nos Nations unies. Qui plus est, il y avait l'étalon-or, système monétaire qui offrait une base universelle commune, donc plus stable que les monnaies actuelles qui flottent et s'entrechoquent comme des plaques continentales. Pourtant, ce système s'est effondré sous le coup de la Grande Guerre. Je ne suis pas en train de prédire qu'il y aura des cataclysmes pires que la Première ou la Seconde Guerre mondiales, mais j'affirme que notre système risque de s'effondrer.

Le commun des mortels a le sentiment que les injustices sociales se multiplient. Existe-t-il de plus en plus de risques de troubles sociaux et politiques ?

Des injustices sociales, il y en avait jadis, et il y en a toujours. L'être humain a tendance à s'imaginer que le présent est pire que le passé. Or il n'est qu'une étape entre le passé et le futur. Pire ? Meilleur ? Ces qualificatifs n'ont pas beaucoup de sens. Le règne de l'égalité, s'il était possible, ne favoriserait pas les progrès économiques. Ces deux objectifs sont dans une certaine mesure contradictoires. Pour qu'il y ait progrès économique, une combinaison de capitaux et d'incitations à l'innovation technologique est nécessaire. Il faut que les investisseurs et les novateurs réalisent des profits. Qui dit profits dit inégalités. Je ne crois pas à l'égalité, mais plutôt à la nécessité de favoriser l'égalité des chances.

Quant à l'inégalité des chances, elle était encore plus forte au XIXe siècle, à la belle époque du laisser-faire. C'est ce qui a favorisé l'émergence du socialisme et ensuite du communisme, deux idéologies égalitaristes. On voit où cela a conduit : regardez la formidable égalité à laquelle on est arrivé en Union soviétique ! Hélas, les systèmes fondés sur l'égalitarisme ne fonctionnent pas.

L'excessive liberté et le laisser-faire aboutissent à des inégalités excessives, ils enfantent le communisme, qui lui-même engendre la stagnation, de nouvelles inégalités et finalement un système d'oppression et d'inégalités encore plus insupportable que le règne du laisser-faire. Si on me demande de choisir, j'opte sans hésitation pour le laisser-faire. Ce qui ne m'empêche pas de constater que celui-ci va trop loin et qu'il faudra impérativement retrouver un équilibre entre inégalités et progrès. C'est justement là où se situe la société ouverte.

Pouvez-vous préciser la situation de la société ouverte aujourd'hui ?

Je crois qu'elle occupe une situation intermédiaire entre deux extrêmes, l'étatisme et le régime de marché libre débridé. Elle est menacée des deux côtés, mais à l'heure qu'il est, quand le communisme et d'autres formes d'interventionnisme forcené ont perdu la faveur du public et des politiciens, le risque est plus grand du côté du laisser-faire. Or l'échec de l'étatisme ne signifie pas que les marchés soient parfaits. Le concept de la société ouverte est fondé sur le principe que tous les produits de l'activité humaine sont imparfaits. Cela concerne également les marchés.

Vous pensez donc que les marchés devraient être régulés ?

Oui. Mais la capacité des Etats à réguler l'économie est menacée par la globalisation économique et l'absence de réglementation internationale. Le besoin de nouvelles règles se situe au niveau international, comme tente de le faire l'Union européenne, pas à celui des Etats. D'ailleurs, dans certains cas, en France par exemple, les Etats ont encore besoin de déréglementation.

Vous critiquez le laisser-faire, mais n'êtes-vous pas un bénéficiaire type de ce système ?

Effectivement. Et je suis conscient de ses mérites, même si j'en connais les faiblesses et les risques. Je n'aime pas trop en faire la critique devant des publics d'Europe de l'Est ou même de France car, dans ces pays, on constate trop d'interventionnisme d'Etat. Je ne crois pas à une troisième voie entre le marché et l'absence de marché. Le marché est la meilleure manière, ou la moins mauvaise, de favoriser le développement économique. Il faut des règles et des contrôles, mais ceux-ci doivent opérer selon les mécanismes du marché.

Prenons l'exemple de l'écologie : les acteurs du marché, en poursuivant leurs intérêts égoïstes, ne se préoccupent pas des dégâts qu'ils peuvent causer à l'environnement. Eh bien, il ne s'agit pas d'imposer de nouvelles réglementations plus ou moins stupides, mais de trouver les mécanismes qui les obligeraient à intégrer l'écologie dans leurs coûts de production. Il est clair que l'usage des automobiles entraîne des coûts sociaux. Il ne faut pas interdire la circulation automobile mais faire régler ces coûts sociaux à ceux qui utilisent leur voiture.

Mais, en tant que symbole de la spéculation, ne représentez-vous pas un encouragement à faire la révolution ? Un prétexte à la révolte ?

C'est possible. Mais j'en doute. On pourrait m'éliminer mais la disparition de l'argent ne rend pas les gens plus riches. Au contraire. On peut me prendre ma fortune mais le résultat ne produira pas un enrichissement général. Cela risquerait plutôt d'entraîner un appauvrissement global. Il ne faut pas taxer excessivement les entrepreneurs et les novateurs : il serait contre-productif de les décourager.

Néanmoins, je reconnais qu'il y a quelque chose d'obscène dans le fait qu'on puisse, comme moi, gagner autant d'argent avec de l'argent par comparaison avec le salaire d'un ouvrier. C'est un système qui doit être amendé. J'ai joué en respectant les règles, mais je pense qu'il faut changer ces règles, non pas pour appauvrir les riches, mais pour enrichir les pauvres, ce qui n'exclut pas des mesures de redistribution, en particulier par la taxation des héritages car rien ne garantit que les héritiers soient aussi créatifs que les fondateurs.

Dans une société ouverte, les valeurs ne peuvent être que réflexives : ce que les gens pensent change la réalité dans laquelle ils agissent. Ce sont des valeurs instables. Les valeurs fondamentales anciennes, même si elles étaient fausses, offraient une source de stabilité. Dans une société ouverte, on perd cet ancrage. C'est un problème dont j'ai fait l'expérience sur les marchés : généralement, les opérateurs se basent sur les « fondamentaux » de l'économie, considérés comme des données stables. Ainsi, quand on se demande pourquoi les Bourses montent lorsque l'économie descend, on ne fait que se référer à cette conception selon laquelle les marchés devraient refléter les « fondamentaux » de l'économie. Les marchés sont réflexifs : plus ils deviennent instables et plus il faut intégrer le fait que les comportements des marchés sont réflexifs. De même en politique, plus les politiciens, pour se faire élire, multiplient les promesses qu'ils ne pourront tenir, plus ils affaiblissent le système démocratique. Si les hommes politiques se contentent de promettre aux électeurs ce qu'ils supposent être leurs désirs, les électeurs n'ont plus de critères pour choisir leurs candidats, ce qui détruit le système.

Ne pensez-vous pas que les hommes politiques sont prisonniers d'un système électoral, et pas seulement électoral, dont ils ne peuvent sortir sous peine d'être balayés de la scène politique ? Ou croyez-vous qu'ils pourraient s'imposer en défendant de vraies valeurs ?

Dans nos sociétés, on attribue une valeur trop importante à l'argent. Je m'interroge sur les valeurs qui dominent l'économie de marché. En glorifiant un nouveau « darwinisme social », en célébrant le triomphe des plus aptes socialement, on menace l'avenir de l'organisation sociale. Si les gens valorisaient davantage leur rôle de citoyens, la défense de la société ouverte, le bon exercice d'un métier, l'économie de marché fonctionnerait mieux. Mais c'est le contraire qui se produit. Le marché a miné les valeurs traditionnelles, qu'elles soient religieuses ou rationnelles. Dans les systèmes communistes, l'Etat occupait trop de place ; ici le marché est trop envahissant. Le culte du succès, ultime critère de valeur aujourd'hui, est devenu une source d'instabilité, car il annihile la capacité à établir la différence entre le bien et le mal, le vrai et le faux. L'argent devient la valeur ultime parce que l'homme contemporain sait que cet argent représente aussi une valeur pour les autres. Ce qui devrait être un moyen d'échange devient la valeur suprême. Dangereuse absurdité !

Vous avez écrit des phrases qui semblent prophétiser des développements catastrophiques...

Il s'agit d'un sentiment largement partagé. La plupart des gens pensent que la globalisation est irréversible, que les marchés sont si puissants qu'on ne peut rien y changer, qu'ils balayent les barrières nationales. C'est une erreur. C'est peut-être ce qui va se produire mais il y aura finalement une remise en cause, de rudes contrecoups. La globalisation est trop rapide, trop généralisée. Elle n'a pas de bases suffisamment solides, de valeurs assez fortes pour durer.

Voyez-vous un remède à cette situation ?

Dans une société ouverte globalisée, qui inclut tant de cultures et de traditions différentes, je ne vois qu'une seule valeur susceptible d'être partagée : le concept de société ouverte lui-même. Si cette valeur n'est pas comprise et admise, la société ouverte deviendra son propre ennemi et se détruira elle-même. Pour prolonger le livre de Karl Popper, il faudrait écrire aujourd'hui une étude intitulée « La Société ouverte est à elle-même son pire ennemi ». Friedrich von Hayek, auteur de *La Route de la servitude*, partageait les vues de Popper, et pourtant, en défendant la doctrine du laisser-faire, il a encouragé, sans le vouloir bien sûr, la destruction de la société ouverte.

Voyez-vous un lien entre la société ouverte et la régulation des marchés ?

Pas nécessairement. La meilleure manière de réguler les marchés n'est pas d'imposer de nouvelles réglementations mais de s'appuyer sur l'autorégulation. L'Angleterre, qui connaît depuis le plus longtemps l'économie de marché, a réussi cette autorégulation parce que les acteurs économiques partageaient des valeurs communes : la parole donnée, l'honnêteté, le comportement de gentleman. Cela peut paraître vieux jeu, confiné, relevant d'un esprit de club élitiste dont les membres partagent les mêmes valeurs et... la richesse. L'Angleterre, jusqu'à la Seconde Guerre mondiale, avait un système de classes très rigide, dans lequel le gentleman n'était pas motivé par le profit : s'occuper à gagner de l'argent faisait de vous un déclassé. A côté, ceux qui s'enrichissaient aspiraient à intégrer cette aristocratie, ils mariaient leurs enfants à la noblesse ; d'où un système très stable, fondé sur des valeurs fausses – celles du sang – mais des valeurs qui assuraient la stabilité. Aux Etats-Unis, cette approche est rejetée aujourd'hui, bien que, pendant longtemps, le *Treasury Market* ait été géré comme un club, avec ses opérateurs accrédités. Mais ce club a été récemment aboli, et avec lui l'autorégulation. Même aux Etats-Unis, la réglementation des marchés est devenue trop tatillonne.

Les marchés financiers globaux peuvent-ils survivre tels qu'ils fonctionnent aujourd'hui ?

Je ne prédis pas un effondrement du commerce international, mais je l'envisage. Le plus grave est que nos contemporains ne semblent pas conscients du danger. Ils parlent des marchés financiers comme s'il s'agissait de quelque chose d'irréversible. C'est une erreur, une analogie artificielle avec les techniques d'innovation, comme le moteur à combustion. Après son invention, le développement de l'automobile a été irrésistible. Elle a pu être perfectionnée, elle pourra être dépassée par de nouvelles inventions, elle ne sera jamais abolie. Il n'en va pas de même pour les innovations financières, qui ne sont ni inévitables, ni immuables. A la fin du XIXe siècle existait un marché financier presque global, fondé sur l'étalon-or. Ce système s'est effondré avec la Première Guerre mondiale, et à la fin de la Seconde Guerre mondiale, lors de la signature des accords de Bretton Woods, en 1944, il n'existait pratiquement plus de circulation internationale des capitaux privés. On l'a oublié, le système de Bretton Woods avait précisément pour but de créer des institutions qui permettraient de financer le commerce international en l'absence de mouvements de capitaux privés.

Lorsque les mouvements de capitaux se sont accélérés, le système de taux de change fixes de Bretton Woods s'est effondré. Ses institutions financières – le Fonds monétaire international et la Banque mondiale – se sont adaptées avec succès à la nouvelle conjoncture et elles continuent à jouer un rôle important.

Elles n'ont cependant pas vocation à préserver la stabilité du système. Leurs ressources sont réduites par l'ampleur des mouvements de capitaux privés et elles n'ont pas de pouvoir de régulation. La coopération entre les gouvernements – la Banque des règlements internationaux à Bâle en a été le principal instrument – demeure limitée et la nécessité d'une meilleure coopération internationale n'est généralement pas admise. L'effondrement du marché global serait un désastre dont on ne saurait imaginer les conséquences. Personnellement, je le trouve plus facilement envisageable que la poursuite indéfinie du régime actuel.

Que feriez-vous pour éviter la catastrophe?

Nous avons parcouru un long chemin pour garantir la liberté de circulation des biens de consommation, des produits, des services et, encore plus important, des idées dans le monde. Mais l'avènement de ce système global ne s'est pas accompagné d'une diffusion des principes de la société ouverte. Au contraire, les relations internationales restent fondées sur le principe de la souveraineté nationale et les régimes politiques de nombreux Etats demeurent très éloignés des critères de la société ouverte. Dans la sphère économique, l'instabilité inhérente aux marchés n'a pas été prise sérieusement en compte. On parle beaucoup plus de compétitivité que de libre-échange. Ces deux sources d'instabilité se renforcent mutuellement. Nous sommes entrés, sans nous en rendre compte, dans une époque de désintégration globale.

Je suis pour la compétition. Je suis également pour la conservation du système qui permet la compétition. Mais contrairement aux apôtres les plus acharnés du laisser-faire, non seulement je ne crois pas à la perfection des marchés, mais je ne crois pas non plus que la compétition mène automatiquement à une meilleure répartition des ressources. Je ne considère pas que la survie des plus forts soit un objectif souhaitable.

Nous devons lutter pour certaines valeurs fondamentales, à commencer par la justice sociale, impossibles à sauvegarder dans le cadre d'une compétition effrénée. Et c'est précisément parce que j'ai réussi sur les marchés que je peux me permettre de défendre ces valeurs. Je suis le millionnaire libéral type, convaincu qu'il appartient à ceux qui ont bénéficié du système de travailler à l'améliorer. Je n'ai créé ma première fondation qu'après avoir gagné vingt ou trente millions de dollars. La fortune me permet de me consacrer à ce qui me tient vraiment à cœur.

Vous avez une position particulière : ni gouvernement, ni politicien, vous ne dépendez de rien, ni de personne. Vous échappez à tout contrôle. N'est-ce pas dangereux ?

Vaste question ! Si je ne me connaissais pas, je me méfierais aussi de moi-même. Il est normal qu'on me demande de m'expliquer, qu'on regarde ce que je fais réellement. De telles richesses ne sont pas nécessairement mises au service de bonnes causes. Tous les milliardaires ne sont pas des défenseurs des libertés. En ce qui me concerne, je crois que je défends des valeurs au-dessus de tout soupçon.

Nous voulons tous avoir un impact sur le monde dans lequel nous vivons. Au-delà d'un certain point, continuer de s'enrichir n'a plus aucun sens sauf si l'on a un objectif. Je veux utiliser cet argent pour le bien commun et je choisis les secteurs où je pense être utile.

Vous avez établi un réseau de fondations dans les anciens pays communistes d'Europe centrale et orientale. Quel est leur but ?

J'essaie de faire ce qu'auraient dû faire les démocraties occidentales : aider ces pays à réussir leur transition de la société fermée vers la société ouverte.

Et quels sont les résultats ?

Les fondations sont très efficaces. Cependant, le résultat global n'est pas encourageant.

C'est-à-dire ?

Répondre à cette question m'obligerait à contredire le principe fondamental de la société ouverte, à savoir que notre compréhension du monde est imparfaite. Mais je peux vous donner quelques indications générales.

1. Nous entrons dans une période de désordre mondial et plus tôt nous le comprendrons, plus nos chances seront grandes de le contrôler.

2. Les concepts théoriques de société ouverte et fermée sont particulièrement utiles pour comprendre la situation présente.

3. La doctrine communiste a perdu son emprise sur l'esprit des gens et il est inconcevable qu'elle la regagne. Au contraire, le balancier est reparti dans l'autre sens, celui du laisser-faire.

4. Il existe un réel danger de dictatures nationalistes dans les anciens pays communistes.

5. La montée du nationalisme risque d'être associée à des conflits armés : pour mobiliser la société derrière l'Etat, il faut un ennemi.

6. La doctrine nationaliste peut se combiner avec des discours religieux. Cette tendance a des chances de déborder bien au-delà des frontières de l'ancien monde communiste.

7. Les démocraties souffrent d'un déficit de valeurs.

Elles sont réticentes à prendre des mesures quand leurs intérêts vitaux ne sont pas menacés. Elles seront probablement incapables d'empêcher l'expansion des dictatures et des conflits nationalistes.

La situation actuelle est plus comparable à l'entre-deux-guerres qu'à la guerre froide. Il existe cependant de notables différences. Il n'y a pas d'Hitler. Tout au plus des figures « mussoliniennes », le Croate Tudjman ou le Serbe Milosevic. Le pays le plus vaste, la Russie, est encore à prendre. Il y a aussi l'Union européenne, mais elle n'a pas de politique étrangère commune. Quant à l'ONU, elle fait penser à la Société des Nations et la Bosnie joue un peu le même rôle que l'Abyssinie avant la guerre. A l'époque, les nations démocratiques sont restées impuissantes face à l'invasion italienne.

L'histoire ne se répète jamais tout à fait, mais les schémas qui émergent offrent d'inquiétantes similitudes avec un passé tragique alors que nos capacités technologiques de destruction ont considérablement augmenté.

Les opinions peuvent diverger sur le diagnostic, mais chacun constate la maladie. Il faut cesser de contempler passivement l'approche des catastrophes, et réagir si on ne veut pas que le monde libre se désintègre comme le monde communiste.

2

L'ÉDUCATION DU GOUROU

C'est le hasard et la nécessité qui ont fait de George Soros le gourou des marchés mondiaux. Survivant de l'Holocauste, se glissant sous le rideau de fer qui tombait sur sa Hongrie natale, il a toujours su s'en sortir seul, mais grâce à l'influence inoubliable de parents d'exception. Ce sont eux qui lui ont appris l'art de survivre même dans les pires circonstances et qui lui ont aussi donné le goût de la spéculation intellectuelle. Mais c'est parce qu'il n'a pas réussi à être un véritable philosophe qu'il est devenu milliardaire.

Parlons des gens qui vous ont marqué. Votre père a profondément influencé votre façon de penser. Pourquoi? Quels sont les aspects de sa vie qui ont le plus compté pour vous?

Mon père, mais aussi ma mère, ont effectivement exercé une forte influence sur moi, dans des domaines diamétralement opposés. C'étaient des êtres dissemblables qui s'affrontaient en permanence. Comme je les aimais tendrement, je les ai tous les deux intériorisés. En intégrant les rôles des deux parties en présence, j'ai appris à extraire ma force de la tension qui en résultait, ce qui m'a amené à ne jamais négliger le point de vue de l'autre.

J'étais d'accord avec mon père sur à peu près tout, sauf sur la façon dont il traitait ma mère. Ma mère m'a appris l'introspection et mon père m'a enseigné à me positionner dans le monde. J'ai adopté le point de vue de mon père mais, par tempérament, j'étais plus proche de ma mère. Mon père était ouvert, sociable, sincèrement intéressé par la vie des autres. Il aimait les faire parler mais il était lui-même avare de confidences. Sans doute se méfiait-il de ses sentiments intimes, ce qui expliquerait son intérêt pour les autres. Il préférait rester à la surface des choses, tandis que ma mère adorait approfondir les sujets. Elle pratiquait l'autocritique jusqu'au masochisme. Elle éprouvait une certaine inclination pour la religion et la mystique, que je ne partageais pas, mais elle s'intéressait aux mystères de l'existence, ce qui ne me laissait pas indifférent.

Même si cela contrariait sa nature, ma mère adorait mon père et acceptait son jugement en tout. Elle souffrait de conflits intérieurs. Ses tourments prenaient des formes multiples. Elle a été blessée par l'antisémitisme endémique de la société hongroise. Au début de la Seconde Guerre mondiale, cela lui a donné des ulcères à l'estomac. Comme elle n'exerçait pas de profession, elle se sentait inutile. Par plus d'un côté, elle devenait son pire ennemi. Comme je l'avais intériorisée, il m'a fallu lutter contre ce penchant négatif en moi. J'ai parfois l'impression que si je suis devenu un gagnant aussi exemplaire, c'est parce que j'ai dû mener une lutte sans merci avec un perdant redoutable. Quand j'ai traversé une grave crise personnelle, en 1982, j'ai été replongé dans les conflits de mes parents. C'est aussi l'époque où j'ai été confronté à certains des problèmes que ma mère m'avait légués. Quand je les ai ramenés à la surface, ils se sont résolus d'eux-mêmes.

Ma mère était portée à la vie intérieure, et j'avais un peu les mêmes tendances. Mon père, lui, était un personnage peu banal et je l'idolâtrais. Je ne suis pas très objectif mais, encore aujourd'hui, je le vois comme un être exceptionnel. Quand j'étais enfant, il passait beaucoup de temps avec moi, après l'école; il m'emmenait nager, puis il me racontait un nouvel épisode de son existence. C'était comme un roman-feuilleton auquel j'adhérais sans réserve. L'expérience de sa vie s'est ainsi intimement mêlée à la mienne.

Jeune homme ambitieux, il se porta volontaire pendant la Première Guerre mondiale, fut promu lieutenant et fait prisonnier, sur le front russe. On l'a envoyé en Sibérie, ce qui n'a en rien entamé son ambition. Il y éditait un journal qui s'appelait *La Planche*, écrit à la main et punaisé sur une planche. Les auteurs se cachaient derrière la planche et écoutaient les commentaires des lecteurs. Quand j'étais enfant, je me souviens avoir feuilleté une collection de numéros de *La Planche* qu'il avait rapportés de Sibérie. Ensuite, il fut élu délégué des prisonniers du camp. Dans un camp voisin, des prisonniers s'étaient échappés et, en guise de représailles, on avait fusillé le délégué. Il décida donc qu'il valait mieux s'évader plutôt que de payer pour l'évasion des autres.

Avant de prendre le large, il emmena avec lui une trentaine de personnes sélectionnées pour leurs qualifications professionnelles – un charpentier, un cuisinier, un médecin, etc. – car lui-même n'en avait aucune. Il avait projeté de construire un radeau et de dériver sur un fleuve pour rejoindre l'Océan, mais, comme ses connaissances géographiques étaient approximatives, il n'avait pas compris que tous les fleuves de Sibérie se déversaient dans l'océan Arctique... Ils ont donc construit le radeau et découvert quelques semaines plus tard qu'ils filaient droit vers l'océan Arctique. Il ne leur restait plus qu'à couper à travers des étendues désertes pour rejoindre la civilisation. Cela leur a pris des mois.

Entre-temps, la révolution avait éclaté et ils se sont retrouvés au cœur du cyclone. A cette époque, un officier tchèque dirigeait la Sibérie depuis un wagon blindé. Tandis que les Rouges et les Blancs s'entre-tuaient, la population était régulièrement massacrée. Mon père a connu des expériences abominables qui lui ont appris la valeur de la vie.

Quand il est revenu en Hongrie, ce n'était plus le même homme. Toute ambition lui paraissait dérisoire. Il voulait profiter de la vie et préserver son indépendance, mais la richesse et l'exercice du pouvoir ne l'intéressaient plus. En vérité, il est la seule et unique personne que je connaisse à avoir vécu de ses rentes.

Il a épousé ma mère et, grâce à ce mariage et aux profits qu'il a tirés de la publication d'un journal en espéranto, il s'est retrouvé à la tête d'un certain capital en biens immobiliers. Juriste, il ne travaillait que le strict minimum. Je me souviens, j'étais alors enfant, qu'il m'envoyait chez son meilleur client pour emprunter de l'argent. Puis nous partions aux sports d'hiver. Au retour, il était d'une humeur massacrante. Sa mauvaise humeur durait quelques semaines, le temps de gagner suffisamment d'argent pour rembourser sa dette.

Pendant la guerre, il a commencé à vendre ses propriétés. A l'arrivée des Allemands, il avait transformé en liquidités pratiquement l'ensemble de ses biens. Excellente opération financière puisque sans cela, on nous aurait tout pris. Comme désinvestissement, c'était parfaitement calculé.

Très peu de gens ont le courage de vivre de leurs rentes. « Mon capital est dans mon capital », avait-il coutume de dire. Capital vient de *caput*, la tête, en latin. J'admirais son attitude. Un sacré contraste avec ma carrière ! C'est grâce à son exemple, je pense, que je ne me suis jamais senti prisonnier de mes richesses.

La façon dont votre père a réagi à l'invasion de la Hongrie par les nazis vous a marqué...

Cette invasion a eu lieu en mars 1944. Je n'avais pas encore quatorze ans. Et là, mon père a connu son heure de gloire, parce qu'il savait exactement quelle attitude adopter. Il comprenait que, dans ce genre de situation, les règles ordinaires n'ont plus cours. Obéir à la loi entraîne sur une pente fatale. La détourner est le seul moyen de s'en sortir. Ayant connu la révolution soviétique, il avait sa petite idée sur le problème. Il a obtenu de faux papiers pour sa famille et nous a trouvé des planques pour nous cacher. Il a aidé non seulement ses proches mais un bon nombre de gens qui gravitaient autour de lui. Il a sauvé des dizaines de vies.

Mon père était beaucoup plus actif que lorsqu'il exerçait le métier de conseiller juridique.

Il fut un temps où nous vivions dans une chambre meublée que l'on ne pouvait atteindre qu'en passant par la salle de bains. Je me souviens des gens qui faisaient la queue dans la salle de bains pour le consulter.

J'ai vécu cette époque comme une aventure très excitante. J'y fais rarement allusion mais je pourrais en parler pendant des heures car elle est gravée dans ma mémoire. Le point important et paradoxal, c'est que dans mon souvenir, l'année 1944 reste la plus belle de ma vie. J'ai conscience de l'étrangeté et de l'inconvenance de mes propos quand on sait que 1944 est l'année de l'Holocauste des Juifs hongrois, mais c'est la vérité.

Mon père maîtrisait la situation. Nous étions en danger de mort, mais j'étais convaincu que j'en sortirais vivant. A quatorze ans, on a le sentiment que rien ne peut vous arriver. J'ai appris l'art de la survie d'un grand maître et je ne l'ai jamais oublié.

Nous en sommes tous sortis indemnes et c'est alors que les Russes sont arrivés. Nous avons encore vécu quelques aventures intéressantes mais la vie a perdu de son sel. En même temps que le régime communiste s'installait, je me suis senti gêné aux entournures, enfermé, privé d'horizon. L'emprise de mon père commençait à me peser. Un jour, je lui ai dit :

– Il n'est pas normal pour un garçon de quinze ans de penser comme un homme de cinquante.

– Va voir ailleurs ! Où veux-tu aller ?

– En Angleterre.

Nous avions beaucoup écouté la BBC et j'étais impressionné par le fair-play des Britanniques et l'objectivité de leurs reportages. J'ajoutai :

– Ou alors en Union soviétique, pour mieux comprendre la nature du système dont nous sommes prisonniers.

– J'y suis déjà allé, m'a dit mon père. Si tu veux, je peux tout t'expliquer.

Il m'a fallu des années pour comprendre qu'il avait déjà pris cette décision à ma place et je lui en suis d'autant plus reconnaissant. Il m'a dit qu'il avait en Angleterre un parent qui pourrait m'aider à entrer dans une école. Je lui ai écrit, sans résultat.

– Envoie-lui une carte toutes les semaines, m'a conseillé mon père. Juste pour lui rappeler ton existence.

C'est ce que j'ai fait et le parent en question s'est finalement débrouillé pour m'obtenir une admission dans une école. Seulement, il fallait auparavant établir une demande de passeport, et, à l'époque, ce n'était pas une mince affaire. Chaque semaine, on me donnait rendez-vous pour la semaine suivante. Cette attente prolongée est vite devenue intolérable.

– Il faut protester, intervint mon père. Demande à voir l'officier de police responsable.

Je m'exécutai et devins la bête noire du bureau des passeports. Mon frère, qui avait vingt et un ans, s'était lié d'amitié à l'université avec un étudiant qui travaillait pour la police politique hongroise. Il lui a demandé de faire avancer mon dossier. Cela ne lui a pas été facile, car le responsable du département lui a répondu :

– Je suis prêt à donner un passeport à n'importe qui, sauf à cet insupportable gamin qui n'arrête pas de se plaindre.

J'ai quand même fini par obtenir mon passeport. A dix-sept ans, je me suis donc séparé de ma famille, et mon père n'a plus eu d'incidence directe sur le cours de ma vie.

Avant de quitter la Hongrie, vous avez donc connu des expériences très pénibles.

Elles n'ont rien eu de très pénible. Le danger ne m'impressionnait pas. J'avais conscience des souffrances autour de moi mais nous nous efforcions d'aider les autres. Par exemple, nous faisions la queue pour des cigarettes – on avait droit à cinq cigarettes par personne – et nous les donnions aux Juifs confinés dans leur ghetto. Une des rares fois où j'ai été très choqué, c'était juste après le siège de Budapest. On marchait sur les cadavres. J'en ai vu un avec le crâne enfoncé, ce qui m'a gravement perturbé pendant quelques jours.

Ma mère vivait seule dans une maison de campagne. Des voisins l'ont dénoncée à la police. Elle a subi un interrogatoire mais s'est comportée avec tant d'assurance et de naturel qu'ils l'ont relâchée avec leurs excuses. Pendant l'interrogatoire, elle a vécu une expérience de « sortie du corps ». Elle s'observait depuis le plafond, et vérifiait qu'elle leur faisait bonne impression. Au sortir de cette épreuve, le contrecoup du grave danger auquel elle venait d'échapper l'a laissée en état de choc. Elle s'est sauvée à Budapest et mon père l'a installée dans un hôtel. Je me souviens de lui avoir demandé avec une certaine brusquerie de se calmer.

Quand nous nous sommes quittés, il y avait de grandes chances qu'on ne se revoie plus. Je suis parti en 1947. J'ai obtenu mon passeport, puis je me suis rendu en Suisse pour assister à une conférence sur l'espéranto, mon père étant espérantiste. A cette époque, il fallait également un permis de sortie soviétique et je n'en avais pas. C'était un permis collectif pour la conférence sur l'espéranto et, n'ayant pas obtenu mon passeport à temps, je n'ai pu partir avec le groupe. J'ai été obligé de lui courir après. Je suis monté dans le train et j'ai pu franchir les frontières sans avoir à montrer mon permis. Un coup de chance!

Là-bas, j'ai retrouvé mon père. Il est retourné en Hongrie et je suis resté à Berne pour y attendre mon visa anglais. J'ignorais combien de temps cela prendrait et je n'avais que deux cents francs suisses en poche, donnés par mon père. J'ai passé mon temps à économiser. Deux semaines plus tard, mon visa obtenu, je partais pour l'Angleterre.

Mon père a réussi à sortir de Hongrie en 1956, accompagné de ma mère, et nous nous sommes retrouvés en Amérique cette année-là.

Il est décédé en 1968, à l'âge de soixante-quinze ans. Ma mère est morte beaucoup plus tard, en 1989. Sa personnalité ne s'est épanouie qu'après la mort de mon père. Elle a appris à être indépendante. A soixante ans, elle a entrepris des études universitaires et jusqu'à sa mort – à quatre-vingt-six ans – elle n'a cessé de s'enrichir intellectuellement.

Quant à mon frère, c'est par son intermédiaire que j'ai eu mes premiers contacts avec l'injustice. Il avait quatre ans de plus que moi, me battait et me taquinait sans arrêt et mes parents ne faisaient rien pour me protéger. J'avais beau me plaindre, ils n'y prêtaient aucune attention. Nous nous sommes revus quand j'avais vingt-quatre ans et nous sommes devenus d'excellents amis. Il était le plus brillant de la famille.

A trente ans, il a fondé une société d'ingénierie dans sa cave et révolutionné la technologie des bassins des ports maritimes. Quinze ans plus tard, sa société était devenue le numéro un mondial de sa spécialité. Il a reçu de nombreux prix pour ses inventions en ingénierie et conçu les installations portuaires qui prennent en charge un tiers du commerce mondial des matières premières transportées par mer.

A la fin des années soixante, j'ai vendu l'affaire de mon frère à Ogden Corporation pendant le boom des concentrations d'entreprises. C'était une négociation amusante. Comme Ogden pouvait utiliser mon frère, le petit génie, à demeure pour sa publicité, la valeur des actions a grimpé en flèche et j'ai vendu sa société le double de ce qu'elle valait à l'origine ! J'ai baptisé cette transaction « transaction biblique », au cours de laquelle mon frère obtint deux plats de lentilles au lieu d'un seul.

Malheureusement, en fait de lentilles, ils ont payé en actions. J'ai négocié une protection contre la chute du cours, mais les actions ont chuté des trois quarts de leur valeur. Finalement, mon frère a retrouvé son indépendance en rachetant la société. Il l'a revendue depuis peu et nous travaillons ensemble sur toutes sortes de projets.

A la London School of Economics, ce n'est malheureusement pas Karl Popper que j'ai eu pour directeur d'études. Mais comme j'avais bouclé en deux ans un cycle de trois ans d'études, il me fallait passer une année supplémentaire pour obtenir mon diplôme et on m'a autorisé à choisir mon « tuteur ». Je me suis empressé de faire appel à lui parce que j'étais passionné par ses idées. J'avais vécu la persécution nazie et l'occupation soviétique. Le livre de Popper sur la société ouverte [1] a été pour moi une révélation. Il démontrait que le fascisme et le communisme avaient bien des choses en commun : entre autres, ces deux systèmes s'opposaient avec force à un principe d'organisation sociale totalement différent, celui de la société ouverte. Quant aux idées de Popper sur les méthodes scientifiques, elles m'ont encore plus impressionné.

J'ai rédigé quelques dissertations et il m'a beaucoup encouragé, mais il ne m'a invité que quelques fois chez lui. Vers 1962, j'ai écrit un traité philosophique, *The Burden of Consciousness* – « Le Poids de la conscience » –, qui ressemblait à une compilation de ses idées. Je le lui ai envoyé et il m'a adressé une réponse enthousiaste en m'invitant à retourner le voir. Il me donnait rendez-vous à la London School of Economics.

Là, je suis tombé sur des étudiants qui l'attendaient. Quand ils ont appris que moi aussi j'avais rendez-vous, ils ont eu l'air contrarié. Popper était très demandé, retenir son attention exigeait beaucoup de persévérance et j'avais l'impression de déranger. J'ai décidé d'aller l'attendre près de l'ascenseur et, quand il en est descendu, je me suis aussitôt présenté à lui.

– Mais vous n'êtes pas américain ! s'est-il écrié.

– Non.

– Je suis terriblement déçu et je vais vous expliquer pourquoi. Quand j'ai reçu votre mémoire, j'ai eu le sentiment qu'un Américain avait enfin compris ce que j'enten-

1. *La Société ouverte et ses ennemis*, *op. cit.*

dais par société ouverte et société fermée. Ce qui signifiait que j'étais parvenu à faire passer mes idées. Mais vous, vous connaissez tout cela par cœur. Cela ne compte pas. Voilà pourquoi je suis déçu.

Il s'est malgré tout montré très encourageant et m'a incité à poursuivre mes recherches. Ensuite, nous nous sommes rencontrés de temps à autre. Vers la fin de sa vie, on se voyait assez souvent. Les dix dernières années, nous avons même entamé une véritable relation, mais, à cette époque, il n'était plus au sommet de sa forme intellectuelle. Je me souviens d'une rencontre émouvante, à Prague, juste avant sa mort, où il était venu prononcer une conférence à la Central European University, en juin 1994. Cela lui avait tellement plu qu'il était prêt à revenir en septembre donner le coup d'envoi de l'année scolaire du collège universitaire de Budapest. Il est décédé entre-temps.

Ce n'est pas l'homme qui m'a influencé, mais ses idées. Et si je me réfère souvent à lui, j'ai également subi l'influence de penseurs comme Friedrich von Hayek et Alfred North Whitehead, entre autres.

Au cours des cinq dernières années, j'ai rencontré sur la scène internationale bon nombre de personnalités de premier plan. Grande différence avec ma première vie, où je vivais dans un isolement quasi monacal... Aujourd'hui, les portes sont grandes ouvertes et, à la réflexion, j'aime mieux ça. Je regrette simplement de manquer de temps, et d'énergie, pour accorder l'attention que je voudrais à certaines personnes dont j'ai récemment fait la connaissance. Je ne parle pas de personnages puissants mais de ceux qui comptent vraiment.

Andreï Sakharov, le physicien, m'a particulièrement impressionné. C'était l'homme le plus douloureusement honnête que je connaisse. Le moindre mensonge le rendait malade. Même quand il exprimait les opinions les plus caustiques, il ne se départait jamais de sa douceur. Il incarnait l'idéal du scientifique en quête de vérité, et voilà pourquoi il était universellement respecté. Il prenait ses responsabilités terriblement au sérieux. Lors des premières élections à peu près libres, il a été élu au Soviet suprême et il est devenu l'un des leaders du Front populaire. Cette fonction l'a tué : il a été foudroyé par une crise cardiaque après une journée éreintante au Parlement. Je crois qu'il est mort de chagrin parce qu'il avait le sentiment que ce qu'il accomplirait ne pourrait jamais suffire.

J'aime beaucoup Havel, malgré ses défauts. Il a transformé les premiers jours de sa présidence en une scène de théâtre pleine d'inspiration. Je me souviens lui avoir rendu visite pendant des vacances scolaires. Une annonce avait couru dans Prague disant que le palais était ouvert au public. Les gens affluèrent et furent traités comme des invités. Quand la foule est entrée, des tables ont été dressées dans la cour, et on a servi de la bière et des saucisses. C'est la réception la plus joyeuse à laquelle il m'ait été donné d'assister. Havel m'a expliqué qu'il avait rédigé une annonce suffisamment vague pour que le château ne soit pas pris d'assaut.

J'ai eu dès 1988 un très bon contact avec Bronislaw Gemerek, le conseiller politique de Walesa, du temps de Solidarnosc. Nous ne nous sommes pas rencontrés souvent mais chacune de nos entrevues a été mémorable. Nous avons beaucoup d'affinités.

La personnalité politique dont je me sens le plus proche est le Russe Grigory Yavlinsky, le principal architecte du plan Chataline et leader de la délégation que j'ai amenée à un meeting de la Banque mondiale en 1990. Le rôle qu'il a joué, il se l'est inventé de toutes pièces. Il l'a créé ex nihilo. Sa vision était – et demeure – la plus proche de la mienne. Nous avons des divergences, mais plus le temps passe, plus je suis impressionné par Yavlinsky. Il joue sa vie sur ses convictions.

Aujourd'hui, l'une de mes récompenses consiste à rencontrer des gens intéressants, et à participer à des événements passionnants.

Votre philosophie de l'investissement est née de votre expérience personnelle. Comment êtes-vous entré dans le monde de la finance? Quel fut votre premier emploi?

J'ignorais tout de la finance. En Angleterre, j'ai d'abord été stagiaire dans une entreprise d'articles de fantaisie : souvenirs, bijoux en toc, etc. Quand je suis sorti de l'université, j'étais un étranger sans relations. Trouver un premier emploi s'annonçait difficile. J'ai obtenu ce poste grâce à un ami étudiant, rencontré à l'université, qui y travaillait à temps partiel. J'étais censé être stagiaire de direction, mais comme ils ne savaient pas à quoi m'occuper, j'ai fini comme représentant.

Ma première mission était d'essayer de placer mes articles dans les bureaux de tabac londoniens, mais, malheureusement, les buralistes s'étaient eux-mêmes organisés en sociétés de grossistes et mes chances étaient nulles. De plus, se garer dans Londres tenait de l'exploit quotidien et j'avais l'impression d'être complètement coincé!

Puis j'ai travaillé pour un des clients de la boîte, un grossiste. J'étais devenu un représentant de commerce qui vendait sa marchandise à des détaillants dans les stations balnéaires du Pays de Galles. Le creux de la vague de ma carrière. J'étais très loin de la haute idée que je me faisais de moi-même. C'était un boulot difficile. L'avantage, c'est que je disposais d'une voiture, une Ford Anglia, la Ford la moins chère du marché anglais. Quand on m'a envoyé au Pays de Galles, j'ai respiré un peu et commencé à gagner de l'argent. Mais j'ai compris que mes études ne me destinaient pas à ce genre de travail qui ne correspondait pas à l'attente de mes parents. J'ai arrêté et écrit aux banques d'affaires de Londres, en m'adressant directement aux P-DG. C'était une démarche originale. On n'écrivait pas alors à des gens que l'on ne connaissait pas.

Cette audace m'a valu des réponses assez amusantes. Un certain Walter Salomon m'a accordé un rendez-vous uniquement pour me faire remarquer que j'avais mal orthographié son nom. On m'a également reçu chez Lazard Frères. Ce fut un entretien très édifiant. Le P-DG, un homme plein de bonne volonté, s'est donné la peine de m'expliquer pourquoi je frappais à la mauvaise porte :

– Ici, à la City, nous pratiquons ce que nous appelons un népotisme intelligent. Cela signifie que tout P-DG a un certain nombre de neveux, dont l'un est forcément intelligent et sera le prochain P-DG. Si vous veniez du même collège universitaire que lui, vous auriez des chances d'obtenir un travail dans cette banque. Si vous apparteniez à la même université, ce serait envisageable. Mais vous ne venez même pas du même pays !

Il m'a conseillé de me tenir éloigné de la City. D'après lui, les gens entraient dans les banques d'affaires pour y faire fructifier leurs propres fonds, ce qui expliquait leurs salaires moins élevés que dans l'industrie. Les banquiers touchaient à quarante ans ce que les industriels gagnaient à trente.

Le plus drôle, c'est qu'à la suite de mon entretien à la banque Lazard Frères, j'ai fini par obtenir un emploi chez Singer & Friedlander, dont le P-DG était hongrois. La théorie s'est donc révélée exacte : je venais du même pays que les patrons, voilà pourquoi ils m'avaient donné une chance. C'était en 1953.

Avez-vous eu le sentiment que le fait d'être juif a joué un rôle dans votre sélection ?

Peut-être, mais plus importante était ma nationalité hongroise. Alors qu'elle me desservait ailleurs, elle m'a valu d'être engagé chez Singer & Friedlander. J'ai été engagé comme stagiaire rémunéré au salaire d'environ sept livres par semaine. C'était un peu moins que ce que je gagnais comme représentant de commerce et j'effectuais un travail de routine dont je me tirais plutôt mal. Hélas, je devais faire des écritures dans un système de registre à double entrée, alors que nous n'avions pas de machines pour enregistrer les monnaies étrangères. Il y avait un plateau d'aluminium sur lequel il fallait que je pose les feuilles de débit et de crédit ainsi qu'une feuille de contrôle. A la fin de la journée, les feuilles de débit et de crédit devaient s'équilibrer. Malheureusement, je n'y arrivais jamais. Mon supérieur passait derrière moi pour réconcilier les chiffres, ce qui ne me rendait pas particulièrement sympathique à ses yeux.

Puis j'ai reçu une formation au département des opérations d'arbitrage. Je travaillais dans le box situé près de la Bourse, où se tenaient les agents de change qui attendaient les ordres. Mon patron était sans arrêt en communication avec Johannesburg, Bruxelles, Paris et New York. Il réalisait essentiellement des transactions en actions des sociétés aurifères. Là encore, je ne me suis pas montré brillant. Mon patron était méticuleux et précis. Le contraire de moi. Il m'a renvoyé au siège de la banque.

Un beau jour, je suis allé passer le week-end à Paris pour y retrouver mon frère. A cause du brouillard, je n'ai pas pu revenir à la banque avant le mardi. Quand je suis arrivé au bureau, les gens se comportaient comme si je n'existais pas. Le directeur m'a fait appeler et m'a demandé : « Pourquoi n'étiez-vous pas là lundi ? » J'ai profité de cette occasion pour lui poser des questions sur mes perspectives d'avenir et il m'a dit que les rapports qu'il avait reçus sur mes prestations n'étaient pas encourageants. Tout ce qu'ils pouvaient me proposer, c'était de leur amener des affaires, mais si je m'imaginais qu'ils allaient me trouver un créneau, je risquais d'attendre longtemps car ils n'avaient aucun poste en vue pour moi. Ma présence ne les dérangeait pas car je ne leur coûtais pas grand-chose, mais quel que soit le département dans lequel on me placerait, je resterais la cinquième roue du carrosse.

Quel genre d'affaire voulaient-ils que vous leur apportiez ?

Des clients, des contrats, n'importe quoi. J'ai demandé si cela le dérangeait que je cherche du travail ailleurs et le directeur m'a répondu que j'avais sa bénédiction. En sortant de ce rendez-vous, je suis allé déjeuner avec un autre stagiaire, Robert Mayer, dont le père était propriétaire d'une petite société de courtage à New York. Je lui ai raconté mon entrevue et il m'a appris que son père cherchait quelqu'un à New York. Il ne m'en avait pas parlé plus tôt par correction envers la banque Singer & Friedlander. Il m'a demandé si l'occasion m'intéresserait et voilà comment je me suis retrouvé à Wall Street.

J'y suis arrivé en septembre 1956. Il s'est alors produit un incident assez amusant. J'ai sollicité un visa que les autorités ne m'ont pas accordé. Ils ont déclaré qu'à vingt-six ans j'étais trop jeune pour être un spécialiste dont les fonctions ne pouvaient être assumées que par un Américain. F. M. Mayer a obtenu une déclaration écrite sous serment de Franz Pick, l'auteur du *Black Market Yearbook*, attestant que comme les arbitragistes mouraient jeunes, il fallait les prendre jeunes. Ils m'ont finalement accordé le visa...

Mais je n'ai jamais oublié cette déclaration et je me suis sorti de l'arbitrage aussi vite que j'ai pu ! A New York, j'ai donc commencé à faire des transactions dans l'arbitrage international, ce qui signifie acheter des valeurs mobilières dans un pays et les vendre dans un autre.

Je me chargeais essentiellement de transactions d'actions pétrolières. Les affaires ont périclité après la crise du canal de Suez. J'ai alors mis au point une nouvelle forme d'arbitrage, que j'ai appelée arbitrage interne : un certain nombre de nouvelles émissions sont sorties sur le marché, qui réunissaient des actions ordinaires, des *warrants* et des obligations que l'on ne pouvait pas tout de suite séparer, et j'ai trouvé un moyen de les échanger séparément avant qu'ils puissent être officiellement détachés les uns des autres. Cette idée s'est révélée très profitable et nous avons réalisé un certain nombre de bénéfices grâce à ce créneau spécialisé.

J'étais opérateur. J'achetais et je revendais rapidement sans sortir du cadre très strict qui m'était imposé. Puis est survenue la forte hausse des actions européennes. Cela a commencé avec la formation de la Communauté européenne du charbon et de l'acier (CECA), qui allait devenir le Marché commun. Les banques des Etats-Unis et les investisseurs institutionnels se sont aussitôt intéressés aux valeurs européennes en pensant mettre le pied dans ce qui allait devenir les Etats-Unis d'Europe.

J'ai ensuite été approché par Wertheim & Co et je suis entré dans cette société en tant que porteur et analyste des titres pour les valeurs mobilières européennes. Plus tard, je suis également devenu un vendeur institutionnel. L'information disponible sur les compagnies européennes était rudimentaire et difficile à obtenir, ce qui nous obligeait à donner des conclusions à partir de données limitées. Je suis devenu l'un des leaders du boom des investissements en Europe : un borgne au royaume des aveugles. Des institutions comme Dreyfus Fund et J. P. Morgan me courtisaient pour avoir des informations. Ils investissaient d'énormes sommes. Je me trouvais au centre de cette dynamique et, du point de vue de ma carrière, ce fut ma première percée. Cela se passait entre 1959 et 1961.

J'ai été le premier à entreprendre une étude des banques allemandes prouvant que leurs portefeuilles d'actions valaient beaucoup plus que leur capitalisation totale. Puis mon attention s'est portée sur Allianz Insurance. Ensuite, j'ai écrit l'équivalent d'un livre sur l'industrie de l'assurance allemande. J'avais repéré un groupe de compagnies d'assurances, le groupe Aachner-Muenchner, qui disposait de participations croisées. J'ai pu démontrer que l'on pouvait acheter certains titres avec une énorme décote par rapport à leur valeur réelle, une fois incluses ces participations croisées.

A l'époque, personne aux Etats-Unis ne se livrait à ce genre d'étude. Il s'agissait d'un travail original. Juste avant Noël, je me suis rendu chez J. P. Morgan, je leur ai montré le tableau des cinquante sociétés interconnectées, et je leur ai proposé mes conclusions en expliquant que j'allais rédiger mon rapport pendant les vacances de Noël. Ils m'ont donné l'ordre d'acheter immédiatement, avant que j'aie terminé mon rapport. Sur la base de mes recommandations, ils pensaient que ces actions pouvaient doubler ou tripler. On atteignit le point culminant de la forte hausse des actions européennes – et le sommet de ma carrière en tant qu'analyste des valeurs étrangères. Peu de temps après a été instaurée la taxe sur l'égalisation des intérêts. Le président Kennedy avait introduit une taxation de 15 % sur les investissements étrangers afin de protéger sa balance des paiements. Mon travail fut anéanti en un clin d'œil. C'est alors que j'ai quitté Wertheim.

Cela a été un moment difficile pour vous?

Il y a eu des moments pénibles. La taxe sur les investissements étrangers m'a touché directement. Avant son introduction, j'avais mené une opération très importante avec la compagnie d'assurances Tokyo Marine and Fire, qui s'apprêtait à lancer des certificats américains d'actions étrangères (ADRS). J'ai acheté les actions à Tokyo et vendu les ADRS à certains investisseurs institutionnels avec une clause tenant compte du moment de leur mise en circulation éventuelle. Un élément de risque étant attaché à cette transaction, la marge de profit était exceptionnellement importante. Le danger venait de la possibilité que les ADRS ne fussent pas mis en circulation. Ce danger s'est concrétisé avec l'imposition de la taxe de l'égalisation des intérêts. Cette opération avait été approuvée par le partenaire responsable, mais quand on lui posa des questions, il affirma qu'il ne m'avait jamais donné le feu vert. J'étais seul à porter le chapeau.

Ces valeurs mobilières étaient dans les comptes de la société ?

Oui. Nous avons vendu les ADRS avec la clause de l'éventualité et du moment de leur mise en circulation. Mais s'ils n'étaient pas mis en circulation, la société se retrouvait avec les actions communes à son compte et il nous faudrait les revendre à Tokyo avec de grosses pertes.

Quelques jours plus tard, la mise en circulation était accordée et nous avons réalisé notre profit. J'en ai parlé aux autres partenaires de la société et je leur ai expliqué les faits, mais j'ai senti que l'atmosphère de suspicion ne pourrait pas être totalement dissipée : si je disais la vérité, le partenaire était un menteur. J'allais être obligé de traîner cette casserole aussi longtemps que je resterais dans la société. J'ai attendu un délai décent avant de chercher du travail ailleurs. Quand je suis parti, le partenaire responsable de l'affaire m'a dit qu'il n'entreprendrait rien contre moi si je tenais ma langue.

Je venais d'entrer chez Arnhold & S. Bleichroeder.

Offre spontanée que j'ai acceptée. Il y avait un certain temps qu'ils cherchaient un collaborateur mais, quand je suis arrivé, je n'avais pratiquement rien à faire parce que le business des actions européennes avait été détruit par la taxe Kennedy d'égalisation des intérêts. Il restait cependant des profits à réaliser en revendant à l'Europe les actions dont les institutions américaines voulaient se débarrasser.

Quand j'ai découvert Allianz et publié mon étude sur les assurances, les directeurs d'Allianz avaient écrit une lettre à Dreyfus pour leur dire qu'ils commettraient une erreur en achetant ces actions. Allianz affirmait que mon analyse était fausse et les actions surévaluées. Dreyfus n'accorda aucune attention à cette lettre et continua à acheter tandis que les actions doublaient ou triplaient de valeur.

Après la mise en place de la taxe sur l'égalisation, Dreyfus et J. P. Morgan voulaient se sortir de ce guêpier.

Je me suis rendu directement chez Allianz et leur ai proposé les actions. Ils ont alors écrit une seconde lettre à Dreyfus pour leur expliquer qu'ils commettraient une erreur en vendant les actions. Allianz allait faire de gros bénéfices, augmenterait les dividendes et prendrait un certain nombre d'autres mesures positives. Mais le prix en était beaucoup plus élevé. Ils finirent par placer leurs actions auprès de leur groupe de banques.

Les affaires ne cessaient de ralentir et je me suis tourné vers la philosophie. De 1963 à 1966, j'ai passé mon temps à récrire mon essai. J'étais toujours en activité, mais mon travail passait désormais après la philosophie.

Cet essai philosophique, sur le « poids de la conscience », datait de 1961 ou 1962. Je l'avais fait tirer par le service des impressions de Wertheim & Co et je tentais de le reprendre, en progressant lentement. Un beau jour, j'ai essayé de relire ce que j'avais écrit la veille et je n'ai rien compris. J'ai donc décidé de revenir aux affaires.

Je m'imaginais que j'avais à communiquer des idées philosophiques de première importance. Je comprends maintenant que je ne faisais que régurgiter les concepts de Karl Popper. Mais je nourris toujours l'illusion d'avoir quelque chose d'important et d'original à dire !

La compréhension que nous avons du monde dans lequel nous vivons est imparfaite. Il existe un écart entre les points de vue, les attentes des participants et la réalité des choses. Quand l'écart est infime, on peut le négliger. Mais quand le trou est béant, il faut absolument en tenir compte si l'on veut déterminer le cours des événements. Ce sont les erreurs, les préjugés et les idées fausses des acteurs de l'histoire qui font l'histoire.

En 1966, comme je ne connaissais pas grand-chose aux valeurs américaines, j'ai monté avec les fonds de la banque un compte test de cent mille dollars, divisé en seize parts, et investi une ou deux unités dans les actions que j'estimais particulièrement prometteuses. J'ai rédigé une note expliquant les raisons de mes choix, puis des rapports mensuels retraçant l'évolution du portefeuille. J'ai fourni un dossier mensuel sur les résultats obtenus.

J'ai utilisé ce compte test comme un outil de vente pour développer les échanges avec les investisseurs institutionnels et cela m'a mis en contact avec le milieu de l'investissement. Pendant les années où je me préoccupais de philosophie, je pensais dans le vide. Maintenant, j'étais capable de tester mes idées d'investissement sur des investisseurs potentiels. Si j'en obtenais une réponse positive, je comprenais que je tenais une bonne idée. Si la réponse devenait négative, je devais me demander sérieusement si je prenais la bonne direction. J'ai eu ainsi des retours d'information très précieux.

Cela ne vous ressemble pas. Vous n'avez pas l'habitude de demander aux gens si vos idées sont valables.

Pour spéculer sur les marchés financiers, tester ses idées est essentiel. J'ai rendu une visite à une société du nom d'American Seal Cap. La direction m'a raconté une histoire formidable. J'y ai cru. Un de mes clients potentiels m'a appelé pour me signaler que cette histoire était épatante, mais qu'il y avait un hic : la direction était célèbre pour ses mensonges. Et l'information était effectivement fausse. Ce qui montre l'importance des échos en retour dans ce type de situation...

Un de mes premiers efforts marquants a porté sur l'industrie du transport routier. J'ai placé quatre unités de mon compte test dans des actions de transport routier. Cet investissement a très bien marché et donné de bons résultats.

En utilisant le portefeuille test, nous avons créé un petit fonds d'investissement appelé le First Eagle Fund. L'année suivante, en 1969, nous avons lancé un autre fonds avec un capital de quatre millions de dollars, le Double Eagle Fund. Ce fonds de garantie pouvait vendre à court ou à long terme et se trouvait également autorisé à pratiquer un effet de levier. Alors que ces deux fonds commençaient à prendre de l'importance, un conflit d'intérêts potentiel s'est fait jour. Nous recommandions des actions à nos clients alors que nous achetions aussi pour notre propre compte. Nous prenions soin d'opérer au grand jour mais la situation est devenue infernale, surtout quand il s'est agi de vendre. J'ai abandonné le portefeuille test, quitté Arnhold & S. Bleichroeder, et monté mon propre fonds de garantie en 1973.

Cette affaire devait devenir le Quantum Fund. A ses débuts, elle se nommait le Soros Fund. Les actionnaires du Double Eagle pouvaient décider de me suivre ou de rester avec Arnhold & Bleichroeder et nous nous sommes séparés en bons termes. Jusqu'à ce jour, Arnhold & S. Bleichroeder demeure un partenaire privilégié du Quantum Fund.

3

L'HISTOIRE DU QUANTUM FUND

Tout ce que vous avez toujours voulu savoir et que vous n'avez jamais osé demander : les secrets du gourou ou comment un petit fonds de performance est devenu une des plus fantastiques machines à faire de l'argent. Soros affirme que presque tout le monde peut devenir riche : il faut pour cela s'y consacrer totalement, ne faire que cela. Néanmoins, il n'est pas sûr que cela marche à tous les coups et les risques sont parfois énormes. Le résultat aussi : à peu près 35 % de bénéfices annuels en moyenne sur vingt-six ans pour le Quantum Fund !

Au départ, quel était le capital du Quantum Fund ?

Son prédécesseur, le Double Eagle Fund, avait démarré en 1969 avec quatre millions de dollars. Le Soros Fund a débuté avec douze millions, en 1973.

Sur ces douze millions, combien vous appartenaient ?

Très peu. L'équipe dirigeante avait droit à 20 % sur les bénéfices. J'avais un associé adjoint, Jim Rogers. Notre part des bénéfices était investie dans le Fonds et elle nous rapportait la même chose qu'aux autres actionnaires, plus 20 % par an sur les profits. Notre participation dans le Fonds a augmenté avec le temps.

Jim avait travaillé comme analyste pour une petite société à Wall Street, puis il m'a rejoint chez Arnhold & S. Bleichroeder. Nous étions deux à nous battre contre le monde entier. Jim Rogers, un analyste hors pair, travaillait très dur. Il accomplissait le travail de six personnes. Il comprenait et partageait mes choix intellectuels ainsi que ma philosophie de l'investissement. Nous fonctionnions à partir d'un échange, ce qui rendait notre association fructueuse. Comme nous ne cessions de prospérer, quelques problèmes surgirent. Jim Rogers refusait d'étoffer l'équipe. Notre association le comblait et il refusait qu'une personne de l'extérieur s'en mêlât. Moi, au contraire, je voulais recruter des collaborateurs pour tenir le choc. Jim s'y opposait, mais nous avons fini par engager des stagiaires. Jim les formait de A jusqu'à Z : notre ligne de conduite était de nous distinguer à tout prix de Wall Street. Nous estimions que chaque personne formée dans le contexte de Wall Street était irrémédiablement pervertie.

Nous sommes partis du postulat que les marchés avaient tort. En réalité, la différence entre Jim Rogers et moi, c'est que Jim pensait que le point de vue de la majorité était toujours faux. De mon côté, j'estimais que nous pouvions aussi nous tromper. La philosophie de Wall Street était, par définition, conventionnelle. Comme non seulement nous voulions être différents mais que nous l'étions dans les faits, un collaborateur entrant dans notre société avec une mentalité conventionnelle n'aurait pas convenu à notre méthode de travail. Jim Rogers était ferme sur ce point.

Il m'arrivait de lancer des idées et Jim effectuait une prospection quand nous rencontrions des difficultés ou abordions un nouveau champ d'investigation. D'une manière générale, chaque opération commençait et se terminait par une enquête. Nous les menions à tour de rôle sur les mêmes opérations.

C'est là que se nouaient les situations les plus intéressantes car nous étions conscients des points forts comme des problèmes. Nous savions où aller chercher la bagarre et quand nous retirer. Avec une longueur d'avance, nous nous sentions à l'aise quand nous détenions des titres. Nous étions sans arrêt en quête de nouvelles failles. De temps à autre, nous comprenions que notre idée était erronée et nous sortions de là aussi vite que possible.

Je travaillais dur, et je suis devenu un expert dans certaines industries. J'avais pour habitude de me transformer en « expert éclair ». En admettant que j'aie une nouvelle idée, je disposais de quelque jours seulement pour me familiariser avec un secteur dont j'ignorais tout. Je me souviens d'une ou deux occasions où j'ai pris un sacré bouillon.

S'intéresser aux industries liées au pétrole était une idée de Jim Rogers. Nous avons beaucoup gagné sur des positions à la hausse et beaucoup perdu sur des positions à la baisse. Impossible de se battre contre un industriel quand il tombe sur du pétrole. L'un d'eux se vantait de baptiser ses puits « Soros numéro deux »... en l'honneur de nos positions à la baisse. Il avait un sens de l'humour que nous avons moyennement apprécié.

Quelles autres perspectives prometteuses aviez-vous décidé d'analyser ?

L'une d'entre elles était la Mortgage Guaranty Insurance Company, que nous appelions la MAGIC. Quand le secteur des maisons d'habitation s'est écroulé en Californie, le marché financier a estimé que cette société pourrait se trouver ruinée, mais elle a survécu à cette épreuve et nous avons alors gagné des fortunes. A ce moment-là, j'ai établi une règle : acquérir des actions, quand une société avait franchi avec succès une passe difficile, et éviter de discuter avec la direction de cette société pendant la crise. C'est cependant plus facile à dire qu'à faire.

Il y a eu ensuite l'industrie des Real Estate Investment Trusts (REITs), que j'ai mise en vedette. J'ai rédigé un rapport où j'annonçais une évolution de ces sociétés, positive dans un premier temps, négative dans un second. A mon avis, cette évolution devait se terminer par un effondrement de la majeure partie des actions de REITs, ce qui ne se produirait pas avant au moins trois ans. Il fallait donc acheter tout de suite. On s'est débrouillés sur les positions à la hausse et on a vendu bien avant que les actions n'atteignent leur cote maximum. Quelques années plus tard, elles ont commencé à baisser. J'ai eu le sentiment qu'il était trop tard pour les positions baissières, mais j'ai relu mon rapport qui prédisait que les actions allaient s'effondrer et j'ai compris qu'il n'était jamais trop tard pour bien faire. C'est la seule fois où j'ai doublé mes investissements sur mes positions à la baisse parce que, en même temps que les actions baissaient, je renforçais mes positions à la baisse. J'ai utilisé environ un million de dollars, ce qui représentait beaucoup d'argent pour mon fonds de l'époque.

Quelles ont été les meilleures idées de Jim Rogers?

Son idée la plus géniale a été de réévaluer l'industrie de la défense, totalement négligée à l'époque. Il ne restait qu'un ou deux analystes survivants du boom de la défense, qui se tenaient au courant. Jim Rogers a découvert des actions comme E. Systems et Sanders Associates.

Vers 1978-1979, je me suis pas mal débrouillé avec la technologie, pour la seule et unique fois de ma vie. Jim croyait que le monde passerait de l'analogique au numérique. Il voulait vendre à découvert les sociétés analogiques, tandis que j'étais davantage intéressé par les positions à la hausse. A cette époque, les actions de la technologie étaient passées de mode. Les traitements de données décentralisées se répandaient comme une traînée de poudre, mais les actions se vendaient à des taux peu élevés et rapportaient peu : le marché croissait trop rapidement pour que les fournisseurs puissent garder leur part du marché, les investisseurs craignaient que les grosses sociétés ne débarquent et ne fassent qu'une bouchée de ces jeunes industries. Les sociétés concernées ne pouvaient pas mobiliser des capitaux à l'extérieur et devaient se contenter, pour leur développement, de l'argent qu'elles généraient, ce qui ne suffisait pas pour répondre à la demande.

Ce genre de prophétie peut conduire au pire. En réalité,

nous y avons trouvé une fabuleuse occasion de profits quand la psychologie des investissements s'est inversée.

Jim et moi nous nous sommes rendus à la conférence de l'AEA (*American Electronics Association*) à Monterey – elle s'appelait alors la WEMA – et nous avons rencontré quotidiennement pendant une semaine huit à dix directions. Nous sommes parvenus à faire le tour de ce domaine technologique très complexe. Nous avons sélectionné les secteurs de croissance les plus prometteurs en choisissant chaque fois un ou plusieurs titres. Ce fut l'apogée de notre partenariat. Nous avons vécu des fruits de notre travail pendant un an ou deux. Les performances du Fonds étaient meilleures que jamais mais la pression devenait intolérable : si le Fonds se développait rapidement, il n'en allait pas de même pour l'équipe de gestion.

Nous avions engagé des gens pleins de talent. Soit ils débarquaient, soit ils avaient peu d'expérience. Au moment où ils ont commencé à voler de leurs propres ailes ils se sont trouvés en désaccord avec Jim, qui n'a pas supporté les critiques de ses subordonnés. De moi, il acceptait tout, nous n'avons jamais eu le moindre problème, mais il ne tolérait pas que ses disciples le mettent en cause ou ne le suivent pas. Dès que ses protégés rapportaient de l'argent, il s'arrangeait pour les casser, ce qui entretenait une ambiance déplaisante. Cela nous privait de ces collaborateurs au moment où ils étaient en pleine possession de leurs moyens. Le vide s'est établi autour de nous. Nous prenions de plus en plus d'importance, mais nous devions exécuter le travail par nous-mêmes, en payant notre succès par un travail et des responsabilités accrus.

A Monterey, j'ai annoncé à Jim une stratégie avec trois options. Tout d'abord, nous devions à nous deux essayer de former une équipe. Si elle ne fonctionnait pas, restait la solution d'en former une sans lui. En cas d'échec, la troisième hypothèse consistait pour lui à gérer le Fonds sans moi. C'est ce qui s'est passé. Pour préparer le terrain, j'ai changé le nom de Soros Fund en Quantum Fund et prétendu que c'était pour célébrer le saut quantique accompli par le Fonds. J'étais certes intrigué par le principe d'incertitude de la mécanique des quanta, mais le but était évidemment de retirer mon nom.

Début 1980, nous avons admis que la phase numéro un ne marchait pas. Nous nous sommes séparés, mais le Fonds a continué à grandir à la vitesse grand V au cours de l'année 1980 et au début de 1981. J'étais seul à le diriger avec une petite équipe. La phase deux a débouché sur une crise en 1981. En septembre, je me suis retiré de la direction active et j'ai confié le capital du Quantum Fund à d'autres directeurs. Nous étions parvenus à la phase trois.

Lors de la crise de 1981, je me trouvais à la tête d'une entreprise où tout me réussissait, mais je m'obstinais à nier ce succès. Je travaillais comme un fou, avec le sentiment que, si je renonçais à mon état d'insécurité permanent, je mettrais en danger ma réussite. Quelle était ma récompense ? Encore de l'argent, encore du travail et de la souffrance – parce que je m'appuyais sur la souffrance, je m'en servais comme d'un outil pour prendre des décisions. Le Fonds a atteint les cent millions de dollars. Ma fortune personnelle tournait autour de vingt-cinq millions, et j'étais sur le point de craquer. Cette situation n'avait aucun sens ! J'ai décidé de composer avec mon succès en l'acceptant, même si cette attitude risquait de provoquer la fin de cette réussite, trop liée à mes attitudes de refus, de torture mentale et d'autocritique permanents. J'étais peut-être sur le point de tuer la poule aux œufs d'or mais à quoi bon couver ces œufs si je devenais de plus en plus malheureux ?

Votre définition de la réussite avait-elle quelque chose à voir avec votre style de vie ?

Cela concernait mon travail, et non pas mon style de vie. La réussite permet de s'offrir ce que l'on désire, mais je n'ai pas de goûts extravagants. J'ai toujours vécu sur un pied plus modeste que ne me le permettaient mes ressources. Le problème n'était pas là. Il s'agissait du niveau de tension et d'insécurité que j'étais prêt à supporter. J'ai changé d'attitude : en acceptant ma réussite, j'ai laissé choir ce sentiment d'insécurité sans m'inquiéter des dangers. Il s'en est suivi une période troublée. Je me suis séparé non seulement de mon partenaire mais aussi de ma première femme. Elle aussi faisait partie de cet ouvrage psychologique, sans lien direct, toutefois, parce que ma femme s'était montrée compréhensive et m'avait soutenu dans mes entreprises.

J'ai alors relâché les contraintes auxquelles je m'astreignais. L'ironie, c'est qu'il en est résulté une période de performances incroyables. Au cours des deux années qui ont suivi, nous avons quadruplé notre capital. Le Fonds est passé de cent à pratiquement quatre cents millions de dollars.

Que voulez-vous dire par relâcher les contraintes?

J'abusais de l'autocritique. Avant d'investir, je m'obstinais à accumuler trop de connaissances sur chaque situation et je finissais par vendre cet investissement beaucoup trop tôt, parce que j'estimais qu'il n'était pas aussi sain qu'il aurait dû être. Une des raisons de ce comportement, c'est que les idées que j'avais en réserve se frayaient un chemin dans le portefeuille, en poussant les investissements de façon prématurée. Mon style de gestion avait été trop étriqué. Désormais, je fonçais, en me préoccupant moins d'accumuler des renseignements sur chaque situation. J'étais plus intuitif en ce sens que je diminuais mon travail de préparation tout en m'autorisant à épuiser mon réservoir d'informations. Je suis entré dans cette période de turbulence avec une réserve de connaissances que je pouvais appliquer à n'importe quelle circonstance.

Je m'effrayais moi-même. J'étais ahuri par la vitesse avec laquelle je réagissais, par la richesse des informations dont je disposais, par les analogies qui me venaient à l'esprit. Je « surfais » sur toutes les situations. J'étais capable d'établir des connexions qui n'étaient pas lisibles pour les autres.

J'avais aussi le sentiment d'être un actif qui se dépréciait. La machine que j'étais devenu se déchargeait. Tandis que le Fonds grimpait de cent à quatre cents millions de dollars, les commandes m'échappaient. J'en savais moins sur les terrains où j'entrais que sur ceux dont je sortais. J'ai compris que je ne pourrais pas tenir longtemps parce qu'il me faudrait infiniment plus d'idées nouvelles pour nourrir un fonds de quatre cents millions qu'au début de cette chevauchée fantastique.

Comme j'agissais avec moins de prudence, je prenais des risques. J'en suis arrivé à un conflit interne : j'avais l'impression que le Fonds était un organisme vivant, un parasite qui pompait mon sang et me vidait de mon énergie. J'ai fini par me demander : qu'est-ce qui est le plus important, moi ou le Fonds ? Le Fonds est-il l'instrument de mon succès ou suis-je l'esclave du Fonds ? C'est ce qui m'a poussé à mettre en œuvre la troisième étape du plan stratégique que j'avais exposé à Jim Rogers en 1978 : je voulais me retirer de la ligne de front.

J'ai cherché des gens pour partager avec moi les responsabilités de la direction du Fonds, et comme je ne trouvais personne, j'en ai cherché d'autres, auxquels déléguer mes responsabilités. Ce qui eut pour fâcheux résultat de rendre publique ma crise personnelle. Plus je parlais de mes problèmes, plus les gens prenaient conscience de mon état d'esprit, et plus mon état empirait. La rumeur s'est répandue... J'ai commis l'erreur de continuer à diriger le Fonds tout en persistant à chercher des gens pour en prendre la relève. J'aurais dû geler le Fonds.

En septembre 1981, quand nous avons baissé de 26 %, nous avions subi des retraits anticipés assez importants. Le Fonds est passé de quatre cents millions de dollars à deux cents, résultat du conflit entre le Fonds et moi. Le Fonds a perdu, car nous étions tombés de 22 % sur l'année, et j'ai gagné, parce que j'ai pris le dessus, en refusant de devenir l'esclave de mes affaires, en démontrant que j'étais le maître et non l'esclave, en surmontant la peur du malheur qui risquait de me rattraper si j'admettais ma réussite.

Cette peur était fondée. Quand on prend de gros risques, il faut se discipliner. Ma discipline à moi provenait d'un sentiment profond d'insécurité, qui m'aidait à mesurer les problèmes avant qu'ils ne m'échappent. Si j'abandonnais cette discipline, il fallait que je me replie sur une terrible rigueur ou sur d'autres habitudes, mais la routine n'est pas mon fort. J'avais peur d'accepter ma réussite, dans la mesure où elle mettait en danger mon sentiment d'insécurité. Quand on pense que le succès est acquis, on baisse sa garde. Quand on a des problèmes, on se contente de voir venir. On sait qu'on s'en tirera toujours. Voilà comment se perd la capacité de se sortir d'affaire.

Au cours de cette période, ma personnalité a changé. Mon comportement témoignait d'une part de culpabilité et de honte, mais je suis parvenu à le surmonter. J'ai suivi quelques séances de psychanalyse, assez superficielles au sens où je ne me suis jamais allongé sur un divan ; je ne m'y suis rendu qu'une ou deux fois par semaine.

Malgré tout, ce processus m'a permis de prendre conscience de mon manque d'objectivité sur certains sujets. En les ramenant à la lumière, j'ai reconnu qu'ils n'avaient aucun sens et j'ai pu m'en débarrasser. Ensuite, on a trouvé un calcul dans ma glande salivaire, qui me faisait souffrir. Le médecin me l'a retiré au cours d'une opération très douloureuse. Ce calcul était une boule ronde et dure et j'ai voulu le garder en raison de la douleur qu'il m'avait causée. Quelques jours plus tard, j'ai constaté qu'il était tombé en poussière. Le calcium pur tombe en poussière quand il sèche...

Il s'est passé la même chose avec mes fantasmes. Ils se sont dissous.

J'ai eu le sentiment d'avoir accompli un acte important. Je suis devenu beaucoup plus agréable à vivre et ma première et ma seconde femmes ont très certainement des visions différentes de moi. Quand j'explique à Susan, ma femme actuelle, quel genre d'homme j'étais, elle ne me croit pas tout à fait.

En septembre 1981, j'avais transformé les investissements du Fonds en liquidités et puis en fonds de fonds. Plutôt que de diriger, mon idée était de donner des parts à d'autres directeurs afin de superviser l'ensemble. 1982 et 1983 ont été neutres : cet arrangement n'a pas bien fonctionné.

J'avais choisi des directeurs à l'extérieur. Certains ont continué à gérer de l'argent pendant des années. D'autres se sont moins bien tirés d'affaire. J'avais également engagé un gestionnaire à résidence, Jim Marquez. Les performances étaient médiocres, notre accord ne me satisfaisait plus et, quand j'ai décidé de prendre une part plus active, Jim Marquez ne l'a pas supporté et il est parti.

Afin de me remettre dans le bain, j'ai voulu écrire un livre sur ma conception des investissements. J'ai commencé avec ce que j'appelais une expérience en temps réel : l'idée était de retracer, en même temps qu'il avait lieu, le processus de prises de décision. Comme je vois dans l'investissement un processus historique, je fus tenté par cet exercice. Il s'agissait d'une expérience non scientifique mais alchimique, car je m'attendais à la mener de manière à influer sur les résultats.

Nous avons alors connu une nouvelle période de croissance explosive. Bien que l'expérience n'ait pas vérifié la théorie selon des critères scientifiques, elle s'est justifiée d'après les critères énoncés. Je suis convaincu que les théories et les expériences peuvent influer sur le sujet auquel elles se rapportent. En 1985, j'ai décrit, dans *The Alchemy of Finance,* cette expérience en temps réel.

Forcé d'expliquer les raisons de mes décisions, je me suis restreint à davantage de cohérence, ce qui m'a imposé une certaine discipline et m'a aidé.

L'expérience en temps réel couvrait l'accord Plaza : le dimanche 22 septembre 1985, le groupe des cinq pays les plus industrialisés se réunissait au Plaza Hotel et décidait que le dollar, très fort au début des années quatre-vingt, en était arrivé à un degré où il était trop élevé. Les grandes puissances se sont mises d'accord pour le déprécier.

L'accord Plaza signifiait que le régime du taux de change flottant avait vécu et qu'il était remplacé par ce que l'on appelle un flottement contrôlé. On repartait sur des bases nouvelles. Il s'agissait d'une étape nécessaire. Bien qu'ayant déjà pris une position à la hausse sur le yen et le mark, j'entrais dans la partie et renforçais mes positions. Je ne me souviens pas si j'ai immédiatement réagi. Sans doute, puis j'ai arrêté, après quoi j'ai recommencé à acheter. Voilà un exemple précis qui m'a donné l'impression d'avoir une bonne longueur d'avance.

Votre stratégie a bien fonctionné avec l'accord Plaza, mais, peu de temps après, vous avez fait une expérience d'un autre ordre.

Mon livre a été publié en 1987 et j'ai donné une série de conférences. Je me suis rendu à la John F. Kennedy School of Government à Harvard pour discuter de ma théorie du *boom/bust* (en dents de scie) et je suis arrivé à la réunion pour découvrir que le marché vendait à tout va. C'était, je crois, le mercredi d'avant le lundi noir. J'aurais dû être dans mes bureaux pour sortir du marché, mais j'ai loupé le coche. J'avais prévu l'orage, mais je pensais qu'il éclaterait d'abord au Japon, où se développait une bulle financière. Je me trouvais donc à la baisse au Japon et à la hausse aux Etats-Unis, qui ont été touchés en premier. Le marché japonais n'a pas cédé parce qu'il était appuyé par les autorités. Mes positions à la baisse au Japon, devenues un fardeau, m'ont obligé à liquider mes positions à la hausse. Il a fallu que je me retire, ce que j'ai réalisé très vite parce que j'ai pour principe de survivre d'abord et de produire de l'argent ensuite. En quelques jours, nous avons essuyé de lourdes pertes. Nous avons cependant été largement bénéficiaires sur l'année. Nous avons terminé 1987 avec un profit de 14 % environ.

En 1987, vous aviez, je crois, mis en place une équipe de direction ?

Je disposais de quatre analystes-directeurs. Ravi d'être en mesure de déléguer mes pouvoirs, j'ai pris mes distances par rapport aux affaires courantes et me suis reposé sur eux, en surveillant les opérations au niveau le plus élevé. En 1987, Druckenmiller, à l'époque gérant chez Dreyfus, s'est intéressé à mon livre. Le jugeant stimulant, il a voulu en discuter avec moi. Nous avons appris à nous connaître et je lui ai demandé de collaborer avec moi. Sa loyauté l'a empêché de quitter Dreyfus. Il leur avait fait gagner beaucoup d'argent au cours d'une année difficile et il s'imaginait qu'on lui en serait reconnaissant. En vérité, il avait mieux manœuvré que moi pendant le krach. Mais, comme à la fin de l'année la récompense espérée se faisait attendre, il s'est senti libre de me rejoindre. Ce qui s'est produit en septembre 1988.

Il s'est chargé de ce que nous appelons le macro-investissement. J'étais toujours le patron, mais, très impliqué dans mes fondations en Chine, en Russie et en Europe de l'Est, je m'absentais de plus en plus souvent. Il prenait les macro-décisions et l'équipe que j'avais engagée début 1987 se chargeait de sélectionner les actions. Les performances de Stan Druckenmiller au cours de sa première année chez moi n'ont pas été aussi brillantes qu'il l'avait escompté. Il mit ses difficultés sur le compte de ma présence qui l'entravait, l'embarrassait ou le privait de ses moyens. Sa déception augmentait. Il n'y a jamais eu de conflit entre nous, mais il n'était pas content de lui et ne le cachait pas. Comme mes affaires en Europe de l'Est m'absorbaient et que j'étais rarement présent, je lui ai cédé les rênes. Nous avons rendu cette décision officielle. Je ne l'avais jamais envisagée autrement. Le résultat a été positif et cela l'a aidé. Auparavant, il avait le sentiment qu'on lui laissait la bride sur le cou tant que tout marchait bien, alors que si ses résultats n'étaient pas assez positifs, on le privait de ses responsabilités. Quand il a pris officiellement la tête de l'affaire, nous avons mis au point une relation qui a bien fonctionné. Je m'en tenais à mon rôle de coach, Stan et les autres venaient me voir pour me demander mon avis, captaient mes idées au vol, sans craindre de me voir interférer avec leurs stratégies ou leur piquer le ballon.

C'est une excellente façon de procéder. Je demeure responsable de la répartition de la participation aux bénéfices. La moitié des bénéfices de la société de gestion est réservée à l'équipe de direction, et je divise le gâteau. C'est utile parce qu'ils savent que je m'intéresse aux performances du Fonds sur le long terme. Ils estiment que je suis un juge impartial et équitable, ce qui contribue au bon esprit général. Je suis aussi responsable de la stratégie d'ensemble de la société, par exemple, quand il s'agit de prendre des décisions pour mettre en place de nouveaux fonds de performance, remonter des fonds existants ou choisir de nouvelles activités.

J'ai endossé ce rôle en 1989, quand la révolution en Europe de l'Est a commencé à se développer. Je ne pouvais pas continuer à diriger le Fonds pour les affaires courantes, ni rester disponible pour les prises de décision. En 1991, 1992 et 1993, nous avons obtenu de très bons résultats. Une autre période de boom dans l'histoire du Fonds.

1994 n'a pas été une aussi bonne année?

1994 a été la seconde année très difficile. Nous sommes parvenus à réaliser un modeste bénéfice, ce qui n'est pas mal après trois années sensationnelles. Il est normal de rétrocéder des gains après un changement d'orientation. Les pertes étaient moins importantes qu'en 1982 et en 1987.

Nous avons la direction la plus efficace de l'histoire du Fonds. On ne peut obtenir des résultats comme les nôtres sans passer par des hauts et des bas.

En vous écoutant raconter l'histoire du Quantum Fund, ce qu'on voit de l'extérieur comme un enchaînement de succès se résume à des hauts et des bas. Votre record est phénoménal : à peu près 35 % de bénéfices annuels en moyenne sur vingt-six ans, déduction faite de la participation aux profits de la direction. Mille dollars investis en 1969 auraient donné aujourd'hui deux millions cent cinquante mille dollars, en admettant que les dividendes aient été réinvestis. En examinant les faits d'un peu plus près, je discerne plusieurs périodes. Les dix premières années, vous et Jim Rogers vous battez contre le monde entier. Un boom/bust, un profil en dents de scie, de 1979 à 1981. Un bref interrègne, où vous avez confié des secteurs du Fonds à d'autres directeurs. Puis l'expérience en temps réel suivie du krach de 1987 – et une autre période de boom/bust. Enfin le règne de Stanley Druckenmiller.

Vous avez raison.

La dimension du Fund n'est-elle pas devenue un problème ?

Voilà un problème d'écologie. Nous sommes trop puissants pour notre environnement. J'ai admis cette difficulté en 1989 et résolu de commencer à redistribuer nos bénéfices à nos actionnaires. Nous avons également entrepris de nous diversifier. Nous avons créé un fonds pour les marchés émergents, nous sommes entrés dans l'immobilier, nous avons pris des participations industrielles. Je reconnais le danger, mais je le considère comme un défi. Cela m'aide à me concentrer. Si nous n'essayions pas d'adapter notre *modus operandi* à notre taille, le danger serait encore plus grand.

Depuis que vous êtes devenu célèbre, les gens vous surveillent en permanence. Cela n'entrave-t-il pas votre liberté de mouvement ?

Si, bien sûr. Mais il existe tellement de fausses rumeurs sur nos activités qu'elles masquent la réalité. Notre réputation nous vaut des bénéfices, surtout dans le domaine des contrats industriels. L'avantage, c'est l'équipe de direction que nous avons formée. Il ne faut pas non plus placer la barre trop haut. Il nous est impossible de répéter la performance de notre premier quart de siècle. Si nous y parvenions, nous finirions par posséder toutes les actions du monde ! Nous ne pouvons pas nous permettre de devenir beaucoup plus gros. Si, au cours des vingt-cinq années à venir, nous obtenons des résultats équivalents à la moitié de ceux que nous avons réalisés pendant les vingt-cinq années qui viennent de s'écouler, nous nous estimerons heureux.

- Europe
- Japon
- Etats-Unis
- Mexique

4

LA THÉORIE EN PRATIQUE

Pour George Soros, la théorie est l'instrument de l'action. Il l'a prouvé lorsqu'il a réalisé plus d'un milliard de dollars de bénéfice en spéculant sur la livre en 1992. Elle lui permet d'établir le bilan des crises qui ont affecté le Japon et l'Amérique latine. Cette analyse l'amène à identifier les faiblesses des marchés et à prescrire les remèdes indispensables pour éviter de plus grandes catastrophes.

Vous avez théorisé la spéculation. Donc, comment appliquez-vous aux marchés financiers votre théorie du boom/bust, ou « modèle en dents de scie », les phases successives de booms et de brusques dépressions des marchés monétaires ? Par exemple lorsque vous avez joué, en 1992, contre la livre sterling britannique, qui a finalement dû être dévaluée ?

La livre faisait partie du SME. Ce mécanisme de change fonctionnait depuis assez longtemps selon un équilibre à peu près stable. Ingénieux et sophistiqué, il permettait de fréquents ajustements entre les différentes monnaies (franc, mark, livre, lire, etc.), trop faibles pour intéresser des spéculateurs de mon genre. Le système était aussi stable que peut l'être un tel mécanisme de change.

En 1989, l'Union soviétique s'est effondrée et, en 1990, les deux Allemagne se sont réunifiées, ce qui a provoqué une dynamique de déséquilibre au sein du SME. Selon ma théorie, tous les régimes de change présentent des faiblesses. Il en allait de même avec le SME, et la faille – à savoir le double rôle contradictoire joué par la Bundesbank au sein du Système monétaire européen – est devenue évidente après la réunification allemande : la Bundesbank représentait à la fois le point d'ancrage du SME et le défenseur constitutionnel de la stabilité du mark. Pendant la période d'équilibre, la Bundesbank avait pu tenir ces deux rôles sans problème, mais la réunification de l'Allemagne, qui s'est accompagnée d'un taux de change excessif de la monnaie est-allemande, a engendré un conflit d'intérêts au sein de la Banque centrale allemande.

Donc, le taux de change entre le mark de l'Est et le deutschmark – un pour un – correspondait davantage à un objectif politique qu'à une réalité économique?

En effet. L'injection massive de capitaux ouest-allemands en Allemagne de l'Est a entraîné de fortes pressions inflationnistes sur l'économie allemande. La Bundesbank avait le devoir – constitutionnel et pas seulement légal – de contre-attaquer en augmentant les taux d'intérêt, ce qu'elle a fait avec vigueur. A cette époque, l'Europe, et plus particulièrement la Grande-Bretagne, se trouvaient en proie à la récession. La politique de taux d'intérêt élevés pratiquée par l'Allemagne était inadaptée à la situation anglaise. D'où le conflit entre les deux fonctions de la Bundesbank qui, inévitablement, devait choisir de défendre l'Allemagne. En suivant une politique monétaire rigoureuse alors que le reste de l'Europe connaissait la récession, la Bundesbank s'est disqualifiée en tant que point d'ancrage du SME, qu'elle a déséquilibré.

D'autres événements ont aggravé la situation. Notamment des conflits entre le chancelier Kohl et la Bundesbank à propos du financement du déficit budgétaire et du taux du change entre le mark de l'Est et le mark de l'Ouest. Mais le désaccord était bien plus profond.

Lors de l'effondrement de l'Union soviétique, le chancelier Kohl avait rencontré le président Mitterrand pour lui exprimer le souhait que la réunification s'accomplisse dans un cadre européen. Tous deux étaient d'accord sur la nécessité de renforcer la structure de la Communauté européenne. Naturellement, Mme Thatcher voyait les choses différemment. Le traité de Maastricht a été le résultat de difficiles négociations. Il accouchait d'un mécanisme censé aboutir à une monnaie unique européenne. Or cette stratégie comportait en réalité de graves vices cachés.

Le projet de monnaie unique, l'ECU, rebaptisé aujourd'hui l'euro, sonnait le glas de la Bundesbank, car celle-ci devait être supplantée par une Banque centrale européenne, qui serait certes l'héritière spirituelle de la Bundesbank, mais cela ne suffisait pas à consoler la Banque centrale allemande, qui avait toujours tiré un orgueil légitime de son pouvoir et avait développé un puissant instinct de conservation. Le traité de Maastricht menaçait l'existence même de la Bundesbank.

On se trouvait en présence de trois sources de conflits. Premièrement, l'Allemagne avait besoin d'une politique monétaire différente de celle du reste de l'Europe. Deuxièmement, la Bundesbank soutenait une politique fiscale en contradiction avec celle du chancelier Kohl. Troisièmement, la Bundesbank luttait pour sa survie en tant qu'institution. A mon avis, ce dernier conflit était en même temps le moins bien perçu et le plus crucial. Cette situation explosive se prolongea durant quelque temps. La crise a couvé pendant deux ans, mais les observateurs avertis la voyaient se profiler.

J'ai eu mes premiers soupçons lors d'un important discours de M. Schlesinger, le président de la Bundesbank. Il déclara que les investisseurs avaient tort de prendre l'ECU pour un panier de monnaies stables. Il faisait allusion à la lire italienne, qui n'allait pas bien. Après son discours, je lui ai demandé ce qu'il pensait de l'ECU en tant que monnaie. Il m'a répondu qu'il en appréciait le concept mais pas le nom. Il aurait préféré qu'on l'appelât le mark...

J'ai reçu le message cinq sur cinq. C'est son intervention qui nous a encouragés à vendre nos lires. Bientôt, la monnaie italienne fut expulsée du SME. Les profits que nous avions réalisés en vendant de la lire nous permirent ensuite de prendre des risques sur la livre britannique. Je ne me souviens pas très bien de l'enchaînement exact des événements. Je bénis le ciel d'avoir une mauvaise mémoire, ce qui me permet d'oublier le passé et de me projeter dans l'avenir. Il y eut ensuite le « non » des Danois au référendum sur le traité de Maastricht, puis des négociations frénétiques lors du week-end qui précéda le référendum en France. Tandis que la pression sur la livre s'accentuait, les événements prenaient un tour de plus en plus passionnant. Le degré d'excitation maximum fut atteint lorsque le gouvernement britannique décida d'accroître de 2 % les taux d'intérêt afin de défendre sa monnaie. Acte désespéré qui nous prouva la position intenable des Anglais et nous encouragea à accentuer la pression en vendant de la livre. C'était l'hallali : à midi, les taux d'intérêt étaient relevés. Le soir même, la livre sortait du SME et dévaluait.

Vos détracteurs affirment que l'Angleterre avait bien réagi en augmentant ses taux d'intérêt de 2 % et que le plan aurait fonctionné si vous n'aviez pas vendu de la livre britannique tout l'après-midi...

Non, leur position était intenable. D'ailleurs, si cela n'avait pas été le cas, notre attaque ne serait jamais parvenue à elle seule à faire sortir l'Angleterre du SME. Nous n'étions pas les seuls à jouer la partie. Le résultat aurait été plus ou moins identique même si moi, George Soros, je n'avais jamais existé. Nous avons peut-être joué un rôle sur la fin, quand la Banque d'Angleterre a augmenté ses taux d'intérêt, car à cet instant précis les spéculateurs hésitaient encore. Notre réaction très ferme les a incités à nous emboîter le pas. Nous avons pu accélérer le processus mais je suis certain qu'il n'y avait aucun moyen de le stopper. Une structure institutionnelle, le SME, qui s'était maintenue en équilibre pendant un certain temps, a été entraînée dans une dynamique de déstabilisation. Un autre élément, dont je n'ai pas encore parlé, a aggravé la situation : les spéculateurs avaient une perception faussée du marché. Les investisseurs institutionnels croyaient que les monnaies européennes s'uniraient selon un processus progressif et que les taux de change seraient plus stables que par le passé. En conséquence, tout le monde s'est précipité sur les obligations à haut rendement dans les monnaies les plus faibles, entraînant ainsi une rigidité encore plus grande du SME, mûr pour une cassure brutale plutôt que pour un ajustement graduel.

Contrairement aux autres, je m'étais préparé à un changement de régime. La faculté que j'ai d'anticiper les bouleversements radicaux que peut connaître une situation m'a été souvent utile. Si vous vous en souvenez, le gouvernement britannique avait garanti jusqu'à la dernière minute au public que le SME était inébranlable. Ils ont peut-être réussi à influencer certains investisseurs, mais sûrement pas nous !

Les faits vous ont donné raison. La livre s'est effondrée et vous avez réalisé d'énormes bénéfices, mais vous vous êtes aussi retrouvé sous le feu des projecteurs, ce qui vous a attiré de nombreuses critiques.

Dans la vie, j'ai lutté en faveur de nombreuses causes, mais je n'éprouve pas le besoin de défendre la spéculation, qui représente pour moi un mal nécessaire. Cela vaut mieux que les restrictions monétaires. Je joue franc jeu. Si l'on parvient à ouvrir une brèche dans les règles, la faute en incombe à ceux qui les ont fixées. Ma position est claire, elle se défend. Qu'on me traite de spéculateur ne m'empêche pas de dormir. Il ne s'agit pas non plus de défendre la spéculation : j'ai des batailles plus intéressantes à livrer. Mettre sur pied un système qui ne profite pas aux spéculateurs, c'est le rôle des autorités. Quand les spéculateurs s'enrichissent, c'est que les dirigeants politiques ont failli. Mais ils répugnent en général à admettre leur échec.

Vous avez poussé très loin la théorie de le réflexivité : son principe veut que tout acteur du marché influe, souvent sans le savoir, sur le résultat final. Mais dans le cas de la livre britannique, n'est-ce pas le participant, vous, qui avez provoqué le résultat ?

Ce n'était pas aussi délibéré. Quand on examine les choses avec un certain recul, il y avait bien préméditation, mais la spéculation comporte des risques et le résultat n'est jamais garanti. Nous n'avons pas agi seuls : nous avons suivi les ordres de notre maître, la Bundesbank. Peut-être les avons-nous identifiés plus rapidement que les autres, et nos oreilles étaient-elles mieux exercées à capter ces signaux. Pour moi, l'identité de celui qui a pris la tête de la meute ne fait aucun doute. Peut-être nous sommes-nous trompés en croyant que la Bundesbank était déterminée à détruire le SME pour préserver son rôle d'arbitre de la politique monétaire européenne, mais finalement, cette erreur s'est révélée fructueuse.

Cela contredit l'opinion générale, qui veut que les spéculateurs soient plus puissants que les autorités politiques ou économiques.

En ce qui concerne la Bundesbank, elle menait le bal, ce qui n'est probablement plus le cas aujourd'hui. Depuis lors, les responsables politiques, en particulier le chancelier Kohl, ont repris l'initiative et la Bundesbank n'est plus aussi puissante qu'en 1992. La victoire des pro-européens aux élections régionales du Bade-Wurtemberg en mars 1996 a donné au chancelier Kohl un nouveau mandat pour défendre la monnaie unique.

Vous avez néanmoins la réputation d'influencer et d'orienter les marchés.

Après la crise de la livre, je suis devenu l' « homme qui a ruiné la Banque d'Angleterre », d'où cette réputation. A l'époque de la crise de la livre, j'étais un investisseur parmi d'autres, peut-être plus important, plus puissant, mais rien de plus. Aujourd'hui l'influence qu'on me prête est exagérée. Il arrive que l'on m'attribue une fluctuation de la

Bourse, comme cela a été le cas pour le cours de l'or. Mais si nous, les spéculateurs, nous essayons d'aller contre le marché, il nous écrase. Cela se produit régulièrement, cela m'est arrivé récemment avec le yen.

La Bourse prête une attention soutenue à nos moindres faits et gestes, notamment à mes déclarations. Nos agissements sont souvent occultés par de fausses rumeurs.

Le fait que mes déclarations parviennent à influencer les marchés me place dans une situation difficile. Je dois faire extrêmement attention à ce que je dis, ce qui me complique l'existence. Comme les marchés financiers sont instables par nature, je dois prendre garde à ne pas les déstabiliser. Lors de l'attaque sur le franc, en 1993, j'aurais pu le faire chuter en me joignant à la meute. Du coup, j'ai agi de façon stupide. Je me suis abstenu de spéculer contre le franc afin d'être en mesure de lancer ce que je croyais être des suggestions constructives. Cela a entraîné un résultat doublement négatif : non seulement j'ai perdu l'occasion de gagner de l'argent, mais les autorités françaises m'en ont plus voulu de mes commentaires que si je m'étais contenté de spéculer sur le franc. Cela m'a donné une bonne leçon : les spéculateurs feraient mieux de se taire... et de spéculer.

Vous avez déclaré que désormais, vous ne vous priveriez plus d'acheter et de revendre du franc. Avez-vous gagné de l'argent avec le franc ?

Très peu. Les possibilités de profit étaient plutôt minces. Mais la leçon a été profitable : je me dispense à présent de tout commentaire, sauf quand je pense que c'est essentiel pour l'intérêt général. Par exemple, je suis partisan d'une monnaie unique européenne. Selon moi, les mécanismes de change ont de graves faiblesses : ils sont instables et leur instabilité est cumulative. D'importantes fluctuations monétaires qui ne seraient pas justifiées économiquement finiraient par détruire le Marché commun.

La seule manière de le préserver est d'instaurer une

monnaie unique. Mais je ne crois pas qu'on y arrivera par une convergence progressive. La tendance actuelle est plutôt à la divergence, on l'a vérifié avec l'expulsion de la lire et de la livre du SME. Une décision politique sera nécessaire, ainsi que la mise en place d'une date butoir, quitte à assouplir les critères de Maastricht.

Le traité de Maastricht a été préparé dans l'urgence, après l'effondrement de l'empire soviétique et la réunification allemande. Les Européens n'y étaient pas préparés, alors que le traité réclamait la coopération de tous les gouvernements. C'est l'une de ses graves faiblesses, car les gouvernements, d'abord guidés par leurs propres intérêts, ne souhaitent pas abandonner leurs prérogatives. On l'a vérifié en ex-Yougoslavie où, par exemple, les Allemands se sont préoccupés de la reconnaissance de la Slovénie et de la Croatie, sans se soucier des conséquences sur l'Europe et sur la Yougoslavie.

Sans volonté politique, il n'y aura pas de monnaie commune. Le chancelier Kohl paraît avoir cette volonté et, avec l'appui de la France, il peut surmonter les obstacles, comme il l'a déjà fait en imposant une monnaie unique aux deux Allemagne. Par ailleurs, le contexte général est favorable. L'Angleterre pourrait connaître une évolution positive pour l'Europe.

J'ai eu l'occasion d'en discuter avec Tony Blair, le leader travailliste, et avec ceux qui le soutiennent. J'ai été très impressionné par cette génération de décideurs : c'est celle du changement. Ces hommes jeunes regardent vers l'avenir, contrairement aux conservateurs, qui ont une vision nostalgique de leur pays, datant d'avant la Seconde Guerre mondiale. Les Tories estiment que ce sont eux, avec l'aide de l'Amérique, qui ont sauvé le continent et ils ne veulent pas être avalés par l'Europe. En cas de victoire des travaillistes, les Anglais ne seront plus perçus comme des ennemis de l'Europe à l'intérieur de l'Europe, ce qui permettra de corriger les faiblesses du traité de Maastricht. L'Angleterre se montrera d'autant plus coopérative que les hommes d'affaires britanniques sont dans leur ensemble favorables à l'Europe, car leurs activités sont déjà profondément intégrées au marché européen. De même, en Italie, la désignation d'un gouvernement dont on peut espérer qu'il sera enfin stable joue également en faveur de l'Europe.

J'ai cessé de spéculer sur les monnaies européennes car je crois qu'il y aura une monnaie européenne. Je sais reconnaître où est le pouvoir – en l'occurrence la volonté du chancelier Kohl – et je crois que la Bundesbank a également dû reconnaître celui qui commande aujourd'hui. Actuellement, si l'on rend visite à la Banque centrale allemande, on rencontre beaucoup de gens qui admettent leur défaite. C'est la situation présente. La spéculation ne peut rien contre cela, tant que l'environnement politique reste favorable.

Il n'y a cependant pas de quoi être totalement rassuré, car l'idée de Maastricht a été élaborée par des responsables de Banques centrales qui n'ont pas tenu compte des réalités politiques. Ils ne se sont intéressés qu'à la discipline monétaire, sans se préoccuper de la situation générale récessionniste ni du chômage. Si la situation ne s'améliore pas d'ici à 1999, le ressentiment provoqué par le chômage en Europe entraînera une mise en accusation de la monnaie unique. Une révolte politique contre Maastricht, nationaliste et antieuropéenne, serait alors à redouter, notamment en France. S'il n'y a pas de reprise, si le chômage ne se résorbe pas, les forces politiques nationalistes et extrémistes vont se renforcer. Or le remède au chômage n'est pas évident. L'intervention de l'Etat, selon un mode keynesien, ne marche plus, d'autant qu'elle aboutit à une réaction allergique sur les marchés financiers. La réduction des déficits budgétaires par l'alourdissement de la fiscalité est aussi contre-productive dans une période de fort chômage.

Face au chômage en Europe, deux thèses s'affrontent : les uns veulent imiter l'Amérique, déréguler le marché du travail, diminuer les impôts et les prestations sociales. Les autres envisagent de dresser des barrières autour de l'Europe pour conserver les protections sociales. La probable victoire des travaillistes britanniques risquera alors de renforcer les tendances protectionnistes en Europe. C'est très dangereux. Je pense aussi que le rythme actuel du changement est trop rapide et je ne verrais aucun inconvénient à ce qu'il ralentisse. A condition que cela se produise à l'échelle mondiale, car, si ce ralentissement n'a lieu qu'en Europe, ce sera très grave.

Les solutions macro-économiques ne me semblent pas avoir beaucoup d'impact. La seule mesure d'ensemble qui pourrait être efficace serait une baisse de la valeur de toutes les monnaies européennes face au dollar et au yen. Ce qui pourrait se produire avec la monnaie unique ! Les changements doivent d'abord être de nature politique : réforme de la structure de la fiscalité, moins de charges pesant sur le travail productif, réduction des dépenses de l'Etat.

La politique fiscale des différents pays doit être coordonnée, mais le traité de Maastricht ne précise pas de quelle manière. Or, avec des taux de change fixes et une politique monétaire contrôlée par la Banque centrale européenne, les gouvernements n'auront plus beaucoup d'instruments de politique économique à leur disposition. Si leurs politiques fiscales s'avéraient divergentes, l'Union monétaire serait menacée. Il serait donc souhaitable d'organiser cette coopération avant d'introduire l'euro. Car lorsqu'on découvrira que les gouvernements sont incapables de s'entendre, il sera trop tard. L'Union européenne s'effondrera, victime d'un dogme faux. L'économie est une donnée trop sérieuse pour être laissée aux mains des responsables des Banques centrales !

Passons au Japon. A la fin des années quatre-vingt, sa bulle financière semble avoir constitué la version asiatique du déséquilibre qu'a connu l'Europe avec la crise de la livre.

Quelle est l'explication de ce phénomène en dents de scie, de boom/bust ?

C'est un souvenir assez désagréable pour moi. J'avais compris qu'une bulle financière gonflait au Japon au milieu des années quatre-vingt et j'avais prévu qu'elle éclaterait. Je vous rappelle que j'ai joué à la baisse sur les valeurs nipponnes parce que je m'attendais à ce que le krach de 1987 démarre au Japon, alors qu'il a éclaté aux Etats-Unis. Je me suis donc retrouvé vendeur à découvert au Japon, et l'inverse aux Etats-Unis, et j'ai bu un bouillon à la Bourse. Mais la nature de ce phénomène en dents de scie était claire.

Le Japon possédait une devise forte, un taux d'épargne très haut, une inflation et des taux d'intérêt très bas, ainsi qu'un marché des valeurs dont les cotes élevées permettaient aux sociétés locales d'augmenter leur capital à un moindre coût, ce qui les rendait compétitives. Mais ce pays, avec une superficie limitée, renforcée par des législations très strictes comme les Sunshine Laws, qui visent à restreindre la construction de gratte-ciel, souffrait d'une pénurie de logements. Leurs prix augmentaient plus vite que les salaires, ce qui incitait à l'épargne : les consommateurs n'avaient d'autres solutions que de s'acheter une maison. En même temps, on assistait à un processus quasi automatique de réduction du train de vie, engrenage qui devait faire du Japon la première puissance économique mondiale, tout en obligeant les Japonais à travailler dur pour une contrepartie minimale. Ce système, d'une grande efficacité, porta le pays au premier rang dans presque tous les domaines. Mais comme toujours dans ce cas, il y avait une faille : le fossé s'agrandissait entre ceux qui avaient une maison et ceux qui rêvaient d'en posséder une – au point de provoquer une fracture sociale. L'hostilité à l'égard du système s'accrut à tel point qu'un bouleversement politique s'ensuivit, entraînant la chute du Parti libéral démocratique au pouvoir et l'arrivée d'un nouveau gouvernement.

Avant que les choses se calment, le marché foncier s'est envolé, dépassant même celui des actions. Il a fini par imploser, et la chute de l'immobilier fut plus catastrophique que celle des actions.

En 1987, comme j'avais mal évalué la date de cette implosion, cela m'a coûté cher. Après 1987, on a constaté un prolongement artificiel de la hausse. En 1987, le ministre des Finances japonais avait évité un effondrement en soutenant le marché, avant de s'embarquer dans une politique délibérée d'offre de capitaux. Je me souviens d'une rencontre avec un membre du gouvernement japonais qui m'avait mis au courant. Il affirmait que le krach de 1987 n'aurait pas de conséquences similaires à celui de 1929, car le Japon était prêt à colmater les brèches et à fournir des capitaux au monde entier, afin que sa puissance financière égale sa puissance industrielle.

Après 1987, les banques japonaises devinrent en effet les principaux fournisseurs de capitaux. Mitsubishi Estate a acheté le Rockefeller Center à New York. Mais là, les Japonais ont rencontré leurs limites : la bulle financière continua d'enfler, les prêts et les investissements à l'étranger s'avérèrent désastreux. Quand la Banque centrale du Japon se résigna enfin à faire imploser la bulle, les banques japonaises se trouvèrent couvertes de dettes dont elles paient encore les conséquences, et la plupart des investissements financiers à l'étranger ont mal tourné. Cela explique le rapatriement à grande échelle de leurs capitaux. Quand le marché a fini par baisser, nous étions toujours là pour en profiter. Si je me souviens bien, cela s'est passé en 1990. Je rends hommage aux autorités japonaises, qui sont malgré tout parvenues à dégonfler la bulle en évitant une implosion du marché. Nous n'avions jamais, je crois, connu de crise aussi grave, gérée avec autant de calme et de pondération, nous épargnant ainsi un effondrement catastrophique.

Aviez-vous prévu que le cours du yen resterait aussi élevé ?

Non, et nous avons perdu beaucoup d'argent en jouant le dollar à la hausse face au yen en 1995.

Que s'est-il passé ?

Je ne me le rappelle plus vraiment : ma fameuse mémoire sélective. Nous avons été hypnotisés par la bataille commerciale que se livraient les autorités américaines et japonaises et nous avons parié qu'elles finiraient par redevenir raisonnables et mettraient fin à leur bras de fer. Nous ignorions qu'il existait une raison plus fondamentale à la faiblesse du yen : les effets cumulatifs de l'énorme excédent commercial des Japonais et la crise de leur système financier en relation avec ses investissements à l'étranger. Les extraordinaires succès de leur industrie ont été contrecarrés par les échecs de la machine financière, qui n'a pas su utiliser efficacement ses surplus industriels.

Le système financier japonais est tenu par des institutions (banques, agents de change, banques de placements, compagnies d'assurance) qui, au lieu de suivre le marché, sont soumises au ministère des Finances. A l'époque du miracle industriel japonais, le ministère de l'Industrie et du Commerce (le MITI) jouissait d'une influence qu'il a progressivement perdue au fil du temps, pendant que ces dernières années, le ministère des Finances devenait la pierre angulaire de la hiérarchie. Le résultat fut catastrophique : le secteur industriel a produit une quantité considérable de surplus qu'il a confiée au secteur financier. Ce dernier l'a gaspillée. La grande aventure qui consistait à suivre les traces de l'Angleterre du XIXe siècle, pour devenir le banquier du monde, a échoué. La bulle s'est dégonflée. Le secteur financier regorgeait d'actifs cachés – les fruits du miracle industriel – qui se sont envolés. Le processus a pris du temps, car il y avait des avoirs considérables à dissiper. Je ne crois pas que le ministère des Finances ou les institutions financières se rendent compte de ce qui leur est arrivé. Ils se sentent mal à l'aise mais n'ont pas conscience de l'ampleur des dégâts.

Le fait que le secteur financier ait si mal réagi n'est pourtant pas surprenant. Au lieu de se plier aux lois du marché, il suit les siennes et, en conséquence, enregistre de mauvais signaux. Habitués à travailler selon des règlements émanant du ministère, ces bureaucrates sont incapables d'agir dans les conditions d'un marché. Il se passe un peu la même chose en France. Voyez le Crédit Lyonnais...

Je n'ai jamais pu comprendre comment fonctionnaient les institutions financières japonaises. Leurs réglementations ne correspondent pas au monde réel ; je pourrais citer de nombreux exemples, mais nous entrerions dans un débat trop technique. Je n'en citerai qu'un : le ministère des Finances a édicté un règlement qui permettait aux institutions financières de ne pas réévaluer annuellement leur position sur obligations alors que les valeurs étrangères devaient faire l'objet d'une réévaluation annuelle. Si leurs pertes de change dépassaient les 15 %, elles devaient être reconnues. Cela s'avéra déterminant pour le rapatriement du capital et pour la solidité du yen. Apparemment, les placements privés et les titres hors cote n'ont pas besoin d'en passer par ce stade, ce qui leur permet de rapporter des bénéfices – au contraire de ce que l'on pourrait attendre.

Il faut maintenant compter avec l'invention des produits dérivés. L'un de leurs rôles principaux est de contourner les règles. Lorsque les brokers étrangers ont introduit ces produits dérivés dans les institutions financières japonaises, c'était à peu près l'homme blanc initiant les Indiens à l'alcool. J'ignore jusqu'à quel point les Japonais sont contaminés par les produits dérivés, mais le résultat en est la complexité croissante du système, qui n'en avait pas besoin...

A quoi attribuez-vous cet échec ? Le ministère des Finances avait toutes les raisons de maintenir le système en l'état. Jusqu'à présent, il y est parvenu.

Le problème vient du yen. Les autorités ont tout fait pour qu'il baisse et elles ont échoué en 1995. Un yen fort a un effet néfaste sur les profits et sur l'activité économique. L'effet est diamétralement opposé à celui d'une bulle financière : c'est ce qu'on appelle une déflation. Le prix des produits locaux décroît, les marges de profit et les volumes des ventes diminuent, les primes des travailleurs sont supprimées, les consommateurs font la sourde oreille. Les taux d'intérêt effectifs sont très élevés, mais les autorités ne peuvent rien changer à la situation. Elles envisagent à contrecœur de baisser le taux d'escompte, ce qui risque de créer de nouveaux problèmes. Une grande partie de la population vit sur ses économies et une réduction du taux d'intérêt des livrets d'épargne de la poste menace ses revenus. De plus, les compagnies d'assurances, qui ont vendu énormément de rente garantissant un revenu de 4,75 % environ, perdent de l'argent et doivent puiser dans leur capital. Elles ont besoin de rechercher des capitaux. Le marché des actions se vend à un niveau correspondant à cinquante fois les profits et rapporte moins de 1 %. Qui peut absorber la vente de tels portefeuilles ?

Le ministère des Finances a fait ce qu'il a pu pour limiter la hausse du yen entre quatre-vingt-quinze et cent cinq yens pour un dollar, et lorsqu'il a dû admettre son échec, il a perdu le contrôle des institutions financières, qui ont été prises de panique, d'où une explosion de la valeur de cette monnaie.

Il y a eu une très forte volatilité sur le yen en 1995. Avez-vous su la gérer ?

Non, quand nous avons réalisé notre erreur, nous avons simplement liquidé nos positions à la hausse sur le dollar et, sur le marché des titres japonais, nous avons limité nos pertes.

D'un côté, la possibilité d'une reprise cyclique laissait prévoir des valeurs à la hausse. De l'autre, se mettaient en place d'importants changements de structure avec des conséquences positives pour la valeur des titres. Cette reprise a été brutalement interrompue par la montée du yen, qui a fait chuter les profits et ralenti l'activité économique.

Le ministère des Finances avait encouragé les exportateurs et les institutions financières à croire que ce taux de change pourrait être maintenu indéfiniment. Lorsqu'il n'a pu l'être, le yen a commencé à monter de manière frénétique, hausse accélérée par le poids des énormes options monétaires qu'avaient prises les exportateurs. Ils avaient acheté des *knock out options* sur le yen, également appelées options « Barrière » : ce sont des instruments monétaires très compliqués que je connaissais moi-même assez mal. Ils donnent à celui qui les prend le droit d'acheter une monnaie à un certain prix, disons cent cinq yens pour un dollar, et l'acheteur perd la possibilité d'acheter du yen si le dollar baisse au-dessous d'un certain *knock out* prix, par exemple quatre-vingt-quinze yens pour un dollar. L'option est instantanément annulée alors qu'une option normale laisse le droit de demeurer sur sa position d'achat pendant un certain temps. Il existe une condition supplémentaire : un niveau au-dessous duquel on perd ses droits. Lorsque cela se produit, l'exportateur ne possède plus sa couverture, et il ne lui reste qu'à se précipiter pour racheter des yens. Comme il ne peut plus acquérir des yens à cent cinq, il doit les acheter sur le marché, ce qui amplifie le mouvement.

Les *knock out options* accélèrent donc une tendance et, lorsque cela dépasse un certain point, elles provoquent une explosion : le KO.

Cet instrument a été inventé sur les marchés parce qu'il peut se révéler très profitable si la monnaie demeure à l'intérieur de la fourchette, car ces options coûtent beaucoup moins cher que les autres. Mais le risque résiduel, qui dans ce cas est devenu très important, est de provoquer une rupture sur le marché, en poussant à toute vitesse la monnaie à la hausse en dessous de quatre-vingts yens pour un dollar.

Ce mouvement a effrayé les Banques centrales qui possédaient beaucoup d'obligations en yens, notamment celles des pays asiatiques, la Chine ou l'Indonésie, par exemple, qui avaient emprunté beaucoup de yens en même temps que leurs réserves se trouvaient en dollars. Leurs liquidités étaient dans une monnaie qui s'appréciait alors qu'elles avaient des réserves dans une devise qui se dépréciait. Elles ont donc vendu leurs dollars et acheté des yens, accélérant le mouvement. Les Banques centrales sont ainsi devenues un facteur supplémentaire de déstabilisation.

Bien que nous soyons des professionnels nous n'avons pas reconnu l'ampleur de ces positions *knock out*. Nous étions là, parmi la foule qui depuis longtemps misait sur la hausse du dollar, et nous avons pris de plein fouet la violence du mouvement. Après coup, nous avons reconnu qu'il s'agissait d'un phénomène passager. En effet, le ministère japonais des Finances a réagi en augmentant l'offre de yens et en baissant les taux d'intérêt jusqu'à 0,5 %, le rendant pratiquement gratuit. Ils ont inondé le marché de yens. Nous avons alors compris que cette monnaie ne pouvait pas monter indéfiniment. Nous n'osions pas jouer contre la tendance, mais dès qu'elle s'est renversée, nous avons acheté des dollars et des options sur le dollar, et joué le yen à la baisse. Nous avons aussi acheté sur la Bourse du Japon, estimant qu'avec ce niveau du yen, les actions japonaises allaient monter. Nous avons récupéré nos pertes du début 1995, qui finalement fut une très bonne année.

Est-ce la fin du déclin de la Bourse japonaise?

Oui, je crois. Les taux d'intérêt restent à 0,5 %. Ils peuvent monter jusqu'à 1 % en avril 1997, quand la taxe sur la consommation sera augmentée jusqu'à 2 %. Mais ils resteront très bas pendant fort longtemps parce que le système bancaire a des problèmes et que la Banque du Japon est obligée de l'aider en maintenant des taux très bas. Les investisseurs japonais sont sous le choc et n'osent pas investir à la Bourse, mais la masse des liquidités va peut-être les y amener.

Au cours d'un récent séjour au Japon, vous avez annoncé la hausse du dollar et de la Bourse japonaise. N'est-ce pas choquant de lancer des prévisions qui peuvent vous rapporter un profit?

Question très délicate. Je ne voyais rien de choquant à accepter l'invitation des Japonais, puisqu'ils savaient ce que j'allais dire et souhaitaient que je m'exprime. Je croyais à ce que je disais et il était évident que je risquais mon argent dans ce sens.

Si j'étais sans scrupules, je pourrais utiliser mon statut de gourou. Je défends l'idée que les marchés ne tendent pas vers l'équilibre et je sais que mes déclarations publiques peuvent contribuer à les déstabiliser. J'ai conscience de mes responsabilités. C'est pourquoi j'évite en général les prises de position qui pourraient devenir un facteur de déstabilisation.

Qu'en est-il du marché américain?

La perspective est bonne et elle va en s'améliorant. Nous avons connu une hausse de la Bourse sans précédent. Elle pourrait s'arrêter, mais un effondrement m'étonnerait beaucoup. Tout au moins pas avant la publication de ce livre! Nous traversons une période de boom calme, une situation proche de l'équilibre qui m'intéresse. Il s'est produit un énorme afflux de capitaux grâce aux fonds communs de placement. Le sommet a peut-être été atteint autour d'avril-mai 1996. L'économie redémarre, mais on perçoit quelques signes inflationnistes, ce qui devrait entraîner une hausse des taux d'intérêt.

Pourquoi Wall Street baisse-t-elle quand les résultats de l'économie américaine s'améliorent?

C'est très simple. Les marchés anticipent les tendances. Ils sont à la hausse quand l'économie est faible, car on ramasse alors beaucoup d'argent disponible, qui n'est pas investi dans les entreprises. Dans cette situation, la

Réserve fédérale cherche à stimuler l'économie en abaissant les taux d'intérêt, ce qui accroît la masse d'argent disponible, laquelle se dirige d'abord sur le marché boursier.

La Bourse monte quand l'économie s'anémie, mais quand celle-ci repart, la Bourse prévoit que les taux d'intérêt vont augmenter et que le surplus monétaire va abandonner le marché boursier. Donc la Bourse baisse. Elle n'est pas, contrairement à ce que beaucoup imaginent, le reflet de la situation économique. D'une certaine manière elle l'entraîne. Si elle s'effondre, cela peut menacer l'économie.

Quelle est votre opinion sur le rôle des fonds de gestion collective aux Etats-Unis ? Ce secteur connaît un essor sans précédent, progressant de cinquante milliards de dollars dans les années cinquante à deux mille milliards. Depuis 1990, les investisseurs particuliers sont passionnés par ce secteur.

La plupart de ces investisseurs n'ont pas d'expérience. Nous sommes en présence d'une possibilité de boom/bust. Les investisseurs peuvent changer la destination de leurs fonds sur un coup de fil, passer ainsi de fonds de gestion collective en actions (équivalent des SICAV françaises) aux fonds du marché monétaire. Cet apport considérable d'argent a été provoqué par la baisse des taux d'intérêt, qui a réduit les dividendes des fonds du marché monétaire et des livrets d'épargne. De nombreux acheteurs de fonds mutualistes, nouveaux arrivants, ne se rendent pas compte des risques. Maintenant que les taux d'intérêt ont à nouveau augmenté, il est possible que certains d'entre eux reviennent à des fonds du marché monétaire. D'un côté, on trouve cette augmentation des taux d'intérêt, et de l'autre, une montée des dividendes des fonds du marché monétaire. Il n'y a aucun doute : ce secteur a connu une explosion, ce qui implique obligatoirement le risque d'une contraction. Mais rien n'est jamais prédéterminé au cours d'un tel enchaînement, une explosion n'est pas automatiquement suivie d'une contraction. Il faut un détonateur. En l'occurrence, le détonateur aurait pu être le Magellan Fund, un des fonds de gestion collective en actions parmi les plus grands et les plus réussis. Mais le Magellan Fund était centré sur les titres de haute technologie ; s'il y avait eu un krach dans ce secteur, les détenteurs des parts auraient pu accélérer le déclin en rachetant leurs parts. Cela pouvait conduire à un effondrement. Il se trouve que le Magellan Fund a vendu ses titres en technologie vers la fin 1995 et a investi en obligations. Quand les titres du secteur technologique ont retrouvé la santé, le Magellan Fund n'a pas su exploiter le marché ; à la suite de cette défaillance, sa direction fut changée. Ainsi, ce détonateur particulier n'a pas causé de dommages.

Un pourcentage significatif, je dirais environ 25 %, des fonds de gestion collective s'est porté vers les marchés émergents à la fin du boom en 1994. Ceux-ci, par définition, sont plus étroits et moins solides, et le poids relatif des fonds de gestion collective en actions aux Etats-Unis est d'autant plus lourd. Il y a eu, au début de 1995, une autre occasion où Wall Street aurait pu s'effondrer : je pense à la crise mexicaine.

La situation mexicaine a été un cycle classique de boom/bust (explosion-contraction). Comment expliquez-vous ce phénomène ?

J'investis à l'étranger depuis le début de ma carrière et j'ai connu de nombreux cycles. J'ai vite compris que les investisseurs étrangers qui réagissent en masse ont toujours tort. Cela vaut pour les spéculateurs américains qui ont acheté des titres en Europe à la fin des années cinquante et au début des années soixante, et qui ont connu un échec cuisant avec l'instauration de la taxe de péréquation des taux d'intérêt (*Interest Equalization Tax*) de 1962. C'était aussi vrai pour les institutions américaines qui ont acquis des valeurs japonaises, ce qui s'est révélé, en 1972, une mauvaise opération. On peut également citer l'exemple des institutions japonaises qui ont investi à l'étranger à la fin des années quatre-vingt et au début des années quatre-vingt-dix. Le rapatriement de ces capitaux explique en partie la fermeté du yen en 1994.

Cela vaut pour cette manie des investissements tous azimuts qui a atteint son point culminant en décembre 1994. C'est la plus grosse vague d'investissement à l'étranger que j'aie jamais connu. Et, pour le Mexique, le krach de 1995 a été l'événement le plus proche du krach de 1929. Malgré cela, Wall Street a passé le test avec à peine un frisson.

Beaucoup des plus gros investisseurs au Mexique ne s'étaient même pas rendu compte que la monnaie mexicaine avait été grossièrement surévaluée. Comment expliquez-vous cela ?

Les gros investisseurs peuvent se tromper. On en avait repéré les signes dès le début de 1994. Rudy Dornbush, qui enseigne au Massachusetts Institute of Technology et a formé les technocrates actuellement au pouvoir au Mexique, avait tiré la sonnette d'alarme dès février 1994 : il avait déclaré que ce pays devait dévaluer.

Ses avertissements sont restés lettre morte. Le marché a continué de grimper et les investisseurs ont gardé la même confiance aveugle qu'envers les nouvelles valeurs de croissance à la fin des années soixante.

Le Mexique souhaitait la mise en place de l'ALENA (Marché commun nord-américain, Mexique-Etats-Unis-Canada) et l'important déficit de sa balance commerciale était un bon moyen d'obtenir un soutien américain pour l'ALENA. Ensuite, il y a eu des élections au Mexique. Le pays ayant progressé dans le sens de la démocratie, les élections étaient plus difficilement prévisibles. Le président sortant, Miguel De La Madrid, pouvait se permettre de prendre une série de mesures impopulaires avant de laisser le pouvoir à Carlos Salinas, dont l'élection était considérée comme plus ou moins truquée. Pendant le mandat de Salinas, la vie démocratique s'est réanimée et Salinas a eu peur de casser les reins de son successeur en dévaluant avant les élections.

L'assassinat de Fernando Colosio, le candidat du parti gouvernemental (PRI) à la présidence, a accru l'instabilité politique. Beaucoup ont estimé qu'une dévaluation aurait une influence néfaste sur les élections. Après les élections, et avant de transmettre le pouvoir, Salinas pouvait et aurait dû dévaluer, mais il était candidat au poste de président du GATT. Une telle décision aurait entaché son bilan. Pis, les technocrates qui avaient effectué un tour de force magistral en sortant le Mexique du tiers monde grâce aux investissements étrangers se sont mis à croire à leur propre magie. C'est ce qui peut arriver de pire à des prestidigitateurs. Ils ont voulu entretenir cette vague de prospérité alors que le gouffre se creusait entre l'illusion et la réalité.

Les investisseurs en ont eu assez d'accumuler des dettes en pesos et le gouvernement mexicain a alors emprunté des dollars plutôt que des pesos, ce qui le rendait d'autant plus vulnérable à une dévaluation. La dévaluation a été décidée trop tard, après que le Mexique eut perdu ses réserves en devises étrangères. Le pays s'est retrouvé avec une dette inchangée, exprimée en dollars, mais terriblement accrue lorsqu'elle était exprimée en pesos.

La position fiscale du gouvernement et le crédit de la plus grande partie du secteur privé sont devenus suspects. Au lieu de permettre un ajustement, cette dévaluation de 15 % a précipité une fuite des capitaux. En moins de vingt-quatre heures, le régime de change a été balayé. Le peso a perdu ses points d'ancrage et a chuté encore de 25 %, ce qui a déclenché la crise.

Il est étonnant que les pays supposés experts en gestion financière en arrivent à connaître les pires difficultés. Le

Mexique avait la réputation d'être dirigé par une équipe de premier ordre.

Rappelez-vous Delfin Netto, l'architecte du grand boom économique du Brésil des années soixante-dix. Sa réputation s'est maintenue jusqu'à l'effondrement de 1982. Celui qui vit par l'épée périra par l'épée. J'avais été impressionné par la façon dont les Japonais et les Mexicains semblaient avoir compris la théorie de la réflexivité. A présent, je me rends compte qu'ils avaient oublié l'essentiel : rester conscient de sa propre faillibilité, ne pas se croire invulnérable.

On peut se demander s'il existe des solutions à une telle crise. Les Etats-Unis et les autorités monétaires internationales pensaient, à juste titre selon moi, que si la dette du Mexique était mise en défaut ou rééchelonnée – c'était arrivé pour la dernière fois en 1982 –, elle déséquilibrerait le marché international. Ils ont donc décidé de tenter un sauvetage. Mais l'opération a été mal préparée.

Ils n'ont pas agi assez vite, leurs efforts ont été mal coordonnés et ils n'ont pas mobilisé des ressources suffisantes. S'ils s'étaient montrés plus rapides, plus déterminés, il leur aurait fallu moins de ressources. Mais ils ont laissé passer leur chance de rassurer le marché et de stabiliser le peso par une démonstration de force. Rassembler les fonds et les moyens leur a pris trop de temps. Le Trésor américain a cru bon de demander l'autorisation du Congrès, ce qui a ralenti les opérations, si bien qu'ils ont dû recourir au Fonds de stabilisation des changes, qui aurait dû être contacté en premier lieu. Ils n'ont pas fait appel au Japon ni à l'Europe. Entre-temps, la situation a continué à se détériorer. Le peso s'autodépréciait, car plus il chutait, plus le système bancaire était déstabilisé, provoquant ainsi de nouvelles fuites de capitaux. A la fin, même les autorités monétaires internationales ont pris peur et ont réduit leur plan de sauvetage. Les cinquante-deux milliards de dollars ne furent jamais réunis.

Sous la pression de l'étranger, le Mexique a déjà avalé

une pilule amère. Les Mexicains se sont battus de leur mieux, et les taux d'intérêt sont montés à 50 ou 70 %. Mais le remède est aussi dangereux que la maladie. Une dépression épouvantable a frappé ce pays, avec des conséquences sociales et politiques incalculables.

Etes-vous satisfait de la manière dont la crise a été traitée ?

L'intervention internationale était nécessaire, mais on aurait dû s'y prendre autrement. A maints égards, il n'y a pas lieu de se réjouir. Je regrette que les investisseurs étrangers s'en soient sortis sans dégâts. S'ils avaient été sanctionnés, la fois suivante ils auraient été plus prudents. Il aurait mieux valu venir au secours de l'économie mexicaine, qui est en pleine récession et dont le système bancaire est dans une situation dramatique. Dans l'idéal, nous aurions dû permettre à ce pays de convertir ses bons du Trésor libellés en dollars, les Tesobonos, en obligations à long terme, pour ensuite mettre au point un plan de sauvetage qui permette la survie de son système bancaire.

Pourquoi le Trésor américain devrait-il se porter caution pour des investisseurs patentés qui recevaient une bonne prime de risque sur leurs Tesobonos ? On aurait dû obliger les propriétaires de Tesobonos à assumer les conséquences de la situation. Le coût requis pour tirer d'affaire le Mexique aurait été moins élevé et les institutions internationales auraient conservé beaucoup plus de réserves pour venir au secours d'autres nations. Mais un tel plan aurait été très difficile à orchestrer. Le Trésor américain aurait-il été capable d'aider le Mexique si les intérêts des investisseurs américains avaient été lésés ? Les banques mexicaines auraient-elles pu continuer à emprunter une fois que le gouvernement mexicain aurait rééchelonné sa dette ? La panique des autres marchés financiers était-elle inévitable ? Il est facile d'être intelligent après coup.

Prévoyez-vous d'autres crises financières ?

Sans doute. Mais je suis surpris par la facilité avec laquelle les marchés financiers ont flairé les crises potentielles, ces dernières années.

La crise mexicaine vous a-t-elle dissuadé d'investir dans les marchés émergents ?

Pas du tout. J'ai toujours été conscient des risques qui leur sont inhérents. Nous étions très engagés au Mexique au début de la présidence de Salinas, mais nous nous sommes presque entièrement retirés quand nous avons compris que le peso était en train d'être surévalué.

Au moment de la crise mexicaine, nous étions, pour ce qui est de l'Amérique latine, engagés essentiellement en Argentine. Notre holding a décliné, mais après étude approfondie, nous sommes arrivés à la conclusion que l'Argentine était en meilleure situation que le Mexique. Nous avons donc augmenté nos investissements de manière substantielle au milieu du krach, d'abord en bons du gouvernement et ensuite en titres. Les résultats furent excellents.

J'ai visité l'Argentine en avril 1996. A ce moment, la situation était encore précaire. Le président Carlos Menem et son ministre des Finances ont fait ce qu'il fallait, mais l'économie ne montrait aucun signe de reprise. Très peu de temps après ma visite, les indices économiques ont commencé à s'améliorer et l'Argentine a rejoint le « cercle des vertueux ».

Avec le rétablissement de l'économie, les risques liés aux investissements en Argentine diminuent, et les taux d'intérêt baissent.

Vous êtes donc relativement optimiste quant aux marchés financiers ?

Oui. Mais c'est précisément le moment où il faut s'inquiéter. Je n'oublierai jamais la conférence que j'ai donnée en 1987 sur l'alchimie de la finance, à la Kennedy

School of Government. Quand j'ai quitté la salle, l'indice Dow Jones était tombé de plusieurs points. Une semaine après, c'était le Lundi noir. Si j'avais surveillé le marché au lieu d'en parler, j'aurais peut-être évité toutes nos pertes.

Votre opinion est en contradiction avec la sagesse courante, qui veut que les marchés tendent vers l'équilibre.

J'en ai conscience, mais cela découle en droite ligne de ma théorie du déséquilibre dynamique. Paul Volker l'avait très bien expliqué : « Tout le monde est d'accord pour dire qu'une mobilité excessive est néfaste, mais il n'y a pas d'électeurs pour s'en préoccuper. » Les gouvernements s'occupent de leurs intérêts nationaux, non du fonctionnement du système. Les banques commerciales et les banques d'investissement profitent de la mobilité, non seulement parce qu'elles brassent plus de capitaux, mais aussi parce qu'elles peuvent vendre des produits dérivés et des options pour permettre à leurs clients de répartir leurs risques. Elles tirent leur profit du va-et-vient. J'ajouterai que les produits dérivés et les options tendent à amplifier la volatilité du marché en provoquant des tendances qui sont suivies de façon automatique. Des expériences récentes démontrent que, de ce point de vue, les options *knock out* sont particulièrement pernicieuses.

Croyez-vous qu'elles devraient être interdites ?

Oui. Je n'aurais pas tenu les mêmes propos il y a quelque temps, quand j'ai témoigné devant le Congrès américain *, mais depuis nous avons connu un véritable krach sur le marché des devises. Et, comme je l'ai déjà expliqué, les options *knock out* ont joué le même rôle dans l'explosion du yen en 1995 que les portefeuilles d'assurances dans le krach des valeurs mobilières en 1987, et pour les mêmes raisons. Par la suite, les portefeuilles d'assurances furent rendus inopérants par l'introduction de « briseurs de

* Voir l'Appendice, p. 195.

circuit ». Il faudrait faire la même chose en ce qui concerne les options *knock out*.

Comment vous y prendriez-vous ?

Toutes les opérations de produits dérivés passant par les banques devraient être enregistrées auprès de la Banque des règlements internationaux (BRI) de Bâle, par le biais des divers organismes nationaux de régulation. La BRI devrait les étudier, rassembler des données, établir des demandes de capitaux et, si nécessaire, empêcher ces opérations en augmentant les demandes de capitaux ou en les interdisant purement et simplement.

Il est surprenant que vous, participant au marché et supposé profiter de la mobilité, vous prôniez des solutions aussi radicales.

C'est justement parce que je suis pour la survie des marchés financiers !

- Russie
- Europe de l'Est

5

L'HOMME D'ÉTAT SANS ÉTAT

George Soros pèse sur les destinées du monde. Non seulement par son influence sur les marchés financiers, mais grâce aussi à son réseau de fondations humanitaires et aux centaines de millions de dollars qu'il distribue chaque année pour aider plus d'une vingtaine de pays. Il influe sur certains choix politiques. Ainsi, en fournissant cinquante millions de dollars à la Macédoine, lui a-t-il permis de résister au blocus que lui imposait la Grèce. Soros prétend ne pas faire de politique. Il n'a ni Etat ni parti, mais cet homme d'Etat sans Etat, selon sa propre expression, joue un rôle plus déterminant que bien des puissances siégeant aux Nations unies.

Quel est l'avenir économique des pays d'Europe de l'Est ? Ils sont devenus libres et indépendants à une époque où même les économies occidentales les plus solides traversent de graves crises et sont confrontées à des problèmes qui ne seront pas résolus avant longtemps, si jamais ils le sont.

A l'époque de la chute du Mur, en 1989, les démocraties occidentales se portaient bien. Leur incapacité à adopter une politique généreuse, à long terme, à l'égard de l'Europe de l'Est ne peut être mise sur le compte de difficultés économiques. Au contraire. Les difficultés actuelles du monde occidental peuvent être partiellement attribuées à son inadaptation à l'effondrement de l'Union soviétique.

Quant à l'avenir économique de la région, il faut tracer une ligne entre l'Europe centrale, c'est-à-dire la Pologne, la République tchèque et la Hongrie d'un côté, et l'ancienne Union soviétique de l'autre. Un certain nombre de pays se situent entre les deux : la Slovaquie, la

Roumanie, la Bulgarie, etc. L'Europe centrale a accompli de grands progrès en direction de l'économie de marché. Dans l'ensemble, je suis assez optimiste et je pense que ces progrès vont se poursuivre, à moins qu'ils ne soient entravés par des événements politiques ou militaires. Il en va de même pour les Etats baltes – l'Estonie, la Lettonie et la Lituanie –, avec cependant moins de certitude. Ces pays ont des monnaies stables et même si les conditions de vie restent très difficiles, ils ont survécu au pire et avancent dans la bonne direction. La Slovénie a également passé le test avec succès.

Dans l'ancienne Union soviétique, la situation est différente. Le système s'est effondré mais n'a pas été remplacé. La tendance générale est toujours à la chute et à la désintégration. Il est impossible de savoir quand cela va s'arrêter. Il existe des précédents : le « temps des troubles » à la fin du XVIe siècle et la Révolution russe, au XXe siècle. Entre 1913 et 1917, la production industrielle a chuté de 75 %. Entre 1917 et 1921, elle a à nouveau baissé de 75 %. Ce genre d'effondrement pourrait se reproduire, et comme un trou noir absorber la civilisation.

Mais la production industrielle s'est plus ou moins stabilisée dans ces pays ?

C'est vrai. De nombreuses entreprises – celles qui fonctionnent – ont appris à se défendre seules. L'économie est une pieuvre dont la tête a été coupée et ses tentacules se sont adaptés à une existence plus ou moins indépendante ; de nombreux tentacules demeurent encore attachés au budget de l'Etat qui les fait vivre.

En 1994, il s'est passé en Russie un événement inattendu et très intéressant. Un nouveau système économique est apparu. On pourrait appeler cela le capitalisme fondé sur le vol, à la suite de la privatisation en masse. On a entrevu les contours d'un nouvel ordre s'élevant sur les décombres de l'ancien. Il ressemblait au capitalisme sauvage qui dominait les Etats-Unis au XIXe siècle, en plus redoutable parce que l'infrastructure légale y était plus faible. On parle beaucoup de la mafia, mais la mafia n'est que la privatisation de la sécurité publique. Elle représente l'effort de privatisation le plus réussi en Russie.

Les actions des entreprises d'Etat ont été distribuées gratuitement au public, avec pour effet la création de deux catégories : les sociétés dont les actions avaient une valeur et celles dont les actions ne valaient rien. En gros, celles qui produisaient de l'énergie et des matières premières appartenaient à la première catégorie, celles qui consommaient de l'énergie à la seconde. La division était antérieure mais le plan de privatisation par distribution généralisée de coupons, des bons de propriété, l'a rendue plus évidente. Ce système a engendré une frénésie des achats des titres. Les actions représentant des concessions sur des ressources naturelles pouvaient être achetées pour une fraction de leur valeur potentielle. Le pétrole brut se vend de deux à trois dollars le baril dans le reste du monde alors qu'en Russie on pouvait l'acheter pour deux ou trois *cents*. Ce prix a attiré des investisseurs, locaux et étrangers, et l'on a assisté à l'un des plus étranges booms boursiers de l'histoire. Les sommes en jeu étaient relativement insignifiantes – quelques centaines de millions de dollars – mais le taux de valorisation était phénoménal. Entre mars et août 1994, certaines actions ont été multipliées par dix en l'espace de quelques mois. Le marché restait rudimentaire : il n'existait pas de système de compensation ni de véritable transparence dans la gestion des titres. Les banques et les brokers ont souffert d'une sévère pénurie de capitaux – ils payaient sans broncher 10 % par mois ou plus pour des dépôts en dollars.

Est-ce à ce moment-là que vous avez changé d'avis et commencé à investir en Russie ?

Oui, je n'ai pu résister à la tentation. J'ai vu là un marché financier embryonnaire, doté d'un formidable potentiel. Pourquoi m'en serais-je privé ? Si le système actuel survit, il y a encore de formidables opportunités, des possibilités extraordinaires des rendements sur l'investissement qui valent la peine de prendre le risque, et même de tout perdre.

La loi et l'ordre sont-ils totalement bafoués ?

Non, mais les autorités publiques travaillent également pour des profits privés. Ce que nous appelons la mafia est en réalité un réseau croisé d'alliances entre des entrepreneurs et des officiels. Tel est le côté peu reluisant de la libre entreprise, mais il n'existe peut-être pas de meilleure solution. Les gens se comportent en capitalistes sauvages parce qu'il ne leur reste que cette possibilité dans une société anarchique. La plupart d'entre eux sont des gens cultivés et convenables, qui n'apprécient pas plus que moi cet état de fait. Si on leur en donnait la possibilité, ils deviendraient d'honnêtes citoyens. Aux Etats-Unis, la corruption à Chicago, à Boston et dans le New York de Tammany Hall avait provoqué un tollé général et un mouvement en faveur d'un gouvernement « propre ».

Pourrait-il se passer la même chose en Russie ? Rien n'est moins sûr : le capitalisme sauvage s'autodétruit avant d'avoir vu le jour. Les entreprises dont le cours a été multiplié par dix au cours de l'été 1994 n'en ont pas tiré un centime : les profits sont allés à ceux qui avaient acheté et revendu les actions. C'est seulement au cours de la deuxième étape de la privatisation que l'argent serait revenu aux entreprises, mais la bulle a éclaté avant que ce soit possible.

Si la Russie connaissait le capitalisme sauvage, les producteurs des ressources naturelles prospéreraient mais le complexe militaro-industriel déclinerait. La prospérité du secteur des ressources naturelles amènerait un boom de l'importation, parce que les consommateurs préfèrent toujours les produits importés. Les services – banques, services financiers, distribution, commerce – se développeraient mais il n'y aurait aucun marché pour les biens de production. Or c'est ce qui constitue le plus gros de l'économie. La vieille économie soviétique était tordue : la part des biens de production, qui comprenait l'industrie militaire, le secteur A, représentait 75 % de la production industrielle. L'industrie légère, appelée secteur B, n'en représentait que 25 %. Dans une économie de marché, les proportions sont inversées. Les industries utilisatrices d'énergie devraient être pénalisées parce que le pétrole et autres matériaux bruts valent plus cher sur les marchés internationaux que lorsqu'ils sont transformés en biens de production dans le pays.

Mais le complexe militaro-industriel garde un poids politique considérable. Une partie des luttes politiques repose sur le conflit entre ces deux groupes d'intérêts et la principale bataille politique se livrera autour de ces thèmes. Les consommateurs d'énergie ont toutes les chances de gagner cette bataille. Non seulement leur poids politique est plus important mais ils disposent d'une arme redoutable : ils peuvent faire appel au sentiment nationaliste. Le capitalisme sauvage, expliquent-ils, mènera à un démantèlement de l'industrie russe et la majeure partie des ouvriers perdront leur travail ; dans n'importe quel pays, c'est certain, cela provoquerait un cataclysme et la Russie ne fera pas exception à la règle.

A peine le capitalisme sauvage avait-il relevé sa vilaine tête que les forces politiques se sont liguées contre lui. L'oie du capitalisme sauvage risque d'être dévorée avant d'avoir pondu ses œufs d'or.

Que peut-il se passer ?

Tout et le reste. La lutte pour le pouvoir s'est intensifiée au point où tout peut arriver. Dans un pays où tant de gens sont prêts à voler, l'Etat lui-même est prêt à n'importe quoi. Jusqu'à présent, il n'y avait pas grand-chose à se mettre sous la dent parce que l'économie était incapable d'alimenter le fonctionnement de l'Etat. Ceux qui s'y sont essayés ont échoué : rappelez-vous ce coup d'Etat avorté de 1991, quand des bureaucrates incompétents ont essayé d'évincer Gorbatchev. Mais le temps a passé, les gens se sont repris et l'économie s'est stabilisée. Je ne vois pas pourquoi une dictature – si c'est ce qui se prépare – serait incompatible avec le capitalisme sauvage. En réalité, il s'agit de l'essence même du fascisme.

On aurait pourtant tort de penser que le fascisme en Russie a gagné. La bataille ne fait que commencer. Les gens ne vont pas renoncer à leur liberté sans se battre. Les médias ont montré l'invasion de la Tchétchénie dans toute son horreur et la population a reçu un choc, comme l'opinion occidentale a été bouleversée par les images sanglantes de Bosnie. En réalité, l'effet a été beaucoup plus fort en Russie car c'était la première fois que l'homme de la rue voyait de tels reportages. Les médias vont sans doute se battre avec un zèle messianique pour leur indépendance durement gagnée. Leur ralliement à Boris Eltsine, un peu gênant parce qu'il les avait transformés en organe de propagande, traduisait néanmoins le refus du retour de la censure communiste.

Croyez-vous qu'ils pourront résister à la pression?

Probablement pas, s'il n'y a pas de pressions contraires, notamment en provenance de l'étranger. En Russie, les gens sont inquiets de ce que le monde pense d'eux. Eltsine lui-même s'en préoccupe énormément. Le chancelier allemand Helmut Kohl l'a appelé à plusieurs reprises au sujet de la Tchétchénie et Eltsine a essayé de lui donner satisfaction. Kohl s'inquiète de la situation intérieure en Russie. J'aimerais pouvoir en dire autant de l'état d'esprit de l'administration américaine!

On sous-estime un facteur, également : les militaires. Jusqu'à maintenant, ils sont restés hors du circuit politique, mais la Tchétchénie a été une expérience traumatisante. Des commandants en chef se sont élevés contre l'autorité de leurs supérieurs. L'armée est profondément divisée, blessée. Quand les militaires se politisent, tout va vite, et cela change radicalement le paysage politique. C'est ce qui s'est passé juste avant la guerre d'Espagne, et c'est ce qui se produit aujourd'hui en Russie.

Vous prévoyez donc une guerre civile?

Je m'attends à ce que les militaires jouent un rôle politique plus actif. L'homme politique qui cherchera à s'emparer des leviers de l'Etat se trouvera confronté à une résistance. Les événements dégénéreront-ils en une guerre civile? On n'en sait rien.

L'instabilité politique n'est pas favorable à l'investissement, en tout cas. Voilà pourquoi le capitalisme sauvage et une dictature fasciste ont des chances assez faibles, du moins à court terme. Une instabilité croissante est plus probable. Nous nous approchons des conditions que j'avais en tête quand je parlais d'un trou noir.

Votre obstination à investir malgré des circonstances comme celles-là paraît difficile à comprendre.

Le contexte en 1994 était différent. C'est le propre des révolutions de bouleverser le paysage. J'ai anticipé sur la situation d'aujourd'hui, mais en 1994, l'émergence du capitalisme sauvage m'a pris au dépourvu. Elle était contraire à l'évolution des marchés financiers. En temps normal, l'infrastructure légale se développe en premier, l'investissement étranger en deuxième, et les portefeuilles d'investissement en dernier. Dans ce cas précis, l'ordre a été inversé : on a d'abord vu l'apparition des portefeuilles d'investissement qui ont servi de catalyseur au capitalisme sauvage. Je m'en suis immédiatement aperçu. A cette occasion, j'ai été impressionné par la façon dont Boris Jordan, qui travaille pour le Crédit Suisse First Boston, a aidé le marché à se développer. Il n'a pas tenté de le monopoliser comme certains joueurs, mais il a laissé de la place aux autres et essayé d'enrichir l'infrastructure institutionnelle. Cette attitude m'a rappelé ma jeunesse, quand j'ai été un des premiers à ouvrir le marché suédois (entre autres) et que je ne voulais pas être tenu à l'écart.

Pour un certain nombre de raisons, qui tiennent au rôle que je joue aujourd'hui et à l'interdiction que je m'étais imposée d'investir là où j'avais des fondations, j'ai été lent à m'intéresser au problème. Nous avons été les derniers à y entrer – et les premiers à en sortir. Au lieu de réaliser des profits, nous avons perdu de l'argent.

Que pensez-vous de votre fondation en Russie?

Je suis très fier de ce qu'elle a accompli, parce qu'elle a apporté de l'aide à un moment où on l'attendait désespérément. Elle a agi avec efficacité, rapidité et esprit de transparence. Elle a été, force est de le dire, la seule à le faire. L'International Science Foundation, la Fondation internationale pour la science, est un brillant exemple de ce que l'assistance internationale aurait pu et dû faire. Mais je suis inquiet. J'ai débloqué des fonds très importants – à elle seule, la Fondation m'a coûté plus de cent millions de dollars –, et, si la Russie s'effondre, ce sera de l'argent en grande partie perdu.

Mais n'aviez-vous pas anticipé sur le cours des événements?

C'est exact. J'ai fait ce que j'ai pu pour prévenir l'état actuel des choses et, de ce côté-là, je n'ai aucun regret. Il valait le coup d'essayer : l'enjeu était tellement important! Maintenant que mes pires prédictions se sont réalisées, je ne sais plus quoi faire. Je ne peux pas arrêter et abandonner ceux que je désirais aider. D'un autre côté, jeter l'argent par les fenêtres n'entre pas dans mes idées. Je me suis moi-même pris au piège. Je me console en me disant qu'en ce qui concerne les sociétés, il existe une vie après la mort. Peu importe le sort de la Russie dans un avenir proche. Quand on sème des graines, on ne sait jamais quand elles germeront.

La philanthropie est une lutte pour une cause, même si elle est perdue d'avance. Je ne peux pas me retirer maintenant. J'ai une stratégie et je m'adapterai aux événements.

Quelle stratégie ?

Au départ, la Fondation avait pour vocation une véritable opération de sauvetage : nous avons donné cent millions de dollars pour financer les activités des scientifiques alors que l'Etat était défaillant. Il fallait les convaincre de rester dans leur pays, afin d'éviter une catastrophique fuite des cerveaux, grosse de risques de dissémination, nucléaire notamment. Cette Fondation a donc constitué un point d'ancrage qui garantissait une liberté d'action et de pensée dans l'ancienne Union soviétique.

La Fondation a accompli sa mission. L'argent qui devait servir pendant deux ans a été dépensé en dix-huit mois mais le programme a été tellement apprécié que les différents gouvernements concernés – la Russie, l'Ukraine et les Etats baltes – ont fourni des fonds de même niveau afin de me permettre de poursuivre. J'ai accepté et j'ai fourni des fonds supplémentaires pour 1995, mais je veux désormais arrêter, à moins que des capitaux de source occidentale ne soient débloqués à hauteur des miens. Il n'est pas normal que je sois la seule entité occidentale à aider la science russe !

Pour l'ensemble de ses activités, nous lui avons consacré environ soixante-cinq millions de dollars pour la seule année 1996.

Nous sommes en train de mettre un terme à plusieurs opérations. Le programme de voyages internationaux est en voie d'achèvement. La même stratégie s'appliquera à celui des sciences de l'éducation, qui a débuté en 1993, mais nous contribuons activement à la formation des enseignants et au lancement de nouveaux manuels scolaires pour remplacer les ouvrages marxistes-léninistes.

J'ai l'intention de continuer à publier des journaux scientifiques : les éditeurs internationaux ont consenti des conditions tellement favorables que je les considère comme un apport de capitaux à hauteur des miens. Même si je n'obtiens pas de soutien extérieur, je vais persévérer avec le programme Internet, qui commence à avoir le vent en poupe. C'est essentiel pour établir les bases d'une société ouverte. Trente-deux universités russes vont être interconnectées. J'essaye de faire le maximum pour la mise à jour des programmes de sciences humaines – nous imprimons des millions de livres par an – et je poursuivrai notre effort pour garder en vie les « gros journaux », c'est-à-dire les journaux culturels, qui ont joué un si grand rôle dans l'histoire de ce pays. Je suis prêt à de nouveaux programmes pour le soutien de la culture, de la société civile et des médias, mais pas à l'échelle espérée par les Russes. Je continuerai dans cette direction tant que la société civile appuiera ces fondations et que les autorités les toléreront.

Pensez-vous que les événements auraient pu suivre un cours différent ?

J'en suis convaincu. Il était à la portée des démocraties occidentales de ralentir la désintégration de l'Union soviétique, et de poser les fondements d'une société ouverte avant l'effondrement de la société fermée. Il aurait probablement suffi de soutenir plus activement la politique de glasnost et de perestroïka de Gorbatchev. Il n'attendait que cela. Il croyait que s'il provoquait une ouverture, le monde libre s'y engouffrerait pour lui venir en aide.

Au printemps 1989, lors d'une conférence Est-Ouest à Potsdam, j'ai proposé une nouvelle version du plan Marshall, cette fois financé par les Européens. Ma proposition a été « accueillie avec amusement », comme l'a rapporté le *Frankfurter Allgemeine Zeitung*. Si elle avait été prise au sérieux, l'histoire aurait pu suivre une autre voie.

Ne surestimez-vous pas les possibilités d'intervention de l'Occident dans les problèmes intérieurs de l'Union soviétique ?

Pas du tout. Je parle d'expérience. Dès 1988, j'ai proposé aux autorités soviétiques de réunir une commission pour étudier la possibilité de greffer ce que j'appelais un « secteur ouvert » sur l'économie soviétique. Je n'étais pas aussi connu qu'aujourd'hui. Je ne représentais que moi-même. J'ai pourtant reçu une réponse positive.

Les autorités soviétiques acceptaient de coopérer à l'aveuglette mais, quand j'ai insisté, le Premier ministre de l'époque, Ryzkhov, a envoyé une convocation qui obligeait les fonctionnaires concernés à assister à cette réunion.

Et qu'en est-il sorti ?

Rien. Je voulais mettre en place, à l'intérieur de l'économie centralisée et planifiée, un domaine en liaison avec le marché, pas trop éloigné des consommateurs ni de la chaîne de production. Par exemple, l'industrie alimentaire. Cette économie de marché embryonnaire aurait dû se développer au sein du système, mais quelques réunions m'ont suffi pour comprendre que le corps de la mère était trop malade pour tolérer un embryon sain.

N'êtes-vous pas en train de vous contredire ? Si l'économie planifiée était condamnée en 1988, de quelle utilité pouvait être l'assistance des Occidentaux ?

Elle aurait pu ralentir le processus de désintégration, donner aux gens des signes d'amélioration matérielle et étayer une réforme économique. Il aurait suffi de peu de chose : par exemple, des gadgets électroniques pour motiver la jeune génération, ou des tampons périodiques qui auraient provoqué un certain enthousiasme chez des femmes condamnées à des procédés hygiéniques primitifs. A l'époque dont je parle, l'Union soviétique bénéficiait de crédits d'un montant exceptionnel parce qu'elle avait toujours payé ses dettes de façon scrupuleuse. Durant ces années-là, ce pays empruntait des dizaines de milliards de dollars.

Pourquoi cela n'a-t-il pas donné le résultat attendu?

Parce que aucune condition n'était attachée à ces prêts. Ou plutôt, ces conditions étaient censées bénéficier aux prêteurs, non à l'emprunteur. L'Allemagne a prêté des dizaines de milliards de dollars afin que Gorbatchev approuve la réunification. On n'a pas réfléchi un seul instant à l'effet que cet argent produirait sur l'économie soviétique. Les prêteurs auraient pu dicter les conditions qu'ils désiraient, les autorités soviétiques étaient disposées à tenir compte de leurs conseils. Je l'ai constaté moi-même, mais je n'étais pas en position d'imposer mes conditions car je ne prêtais pas des milliards de dollars. Sinon, je les aurais appliquées de force. A ce moment-là, il ne fallait pas avoir peur de s'ingérer dans leurs affaires. Ils l'auraient apprécié.

Vous croyez que cela aurait marché?

Probablement pas. A cette époque, rien ne fonctionnait. Mais on aurait dû essayer. Il y aurait eu des dérapages, mais aussi des résultats positifs qui auraient pu changer le cours de l'histoire. Ce qui manquait à Gorbatchev, c'était de remporter quelques succès.

Etait-il possible de garder l'Union soviétique en l'état? Etait-ce souhaitable?

Elle se serait finalement désintégrée mais je suis convaincu que si le processus avait été plus lent et plus ordonné, les choses se seraient mieux passées. La dissolution de l'Empire britannique a pris une cinquantaine d'années. Il y a eu des conflits, mais dans l'ensemble le résultat a été positif.

Oui, mais la Grande-Bretagne était la mère de la démocratie.

Raison de plus ! L'Union soviétique avait besoin d'un délai plus grand. Je rencontre peu d'écho quand je répète qu'il aurait mieux valu que cet Etat ne s'écroule pas et que la Yougoslavie ne soit pas démantelée : la transition d'un système totalitaire à une société libre et démocratique eût été facilitée. On aurait vu des revendications d'autonomie, ce qui aurait abouti, par exemple, à une Ukraine indépendante, mais cela aurait pris du temps. Lorsqu'elle aurait accédé à l'indépendance, l'Ukraine aurait été plus stable. Pour devenir viable, un fœtus a besoin de neuf mois. Or les pays nés de l'Union soviétique n'ont pas eu le temps de se développer. Ce sont des prématurés dont on peut se demander s'ils vont survivre.

J'ai été un adepte enthousiaste de ce qu'on a appelé le plan Chataline, ou programme de cinq cents jours.

J'ai rencontré Nikolaï Petrakov, le conseiller économique de Gorbatchev, le jour où ce groupe de travail a été formé. J'ai mis sur pied un comité d'éminents économistes internationaux pour critiquer le plan, sponsorisé un comité de juristes pour aider à concevoir la législation nécessaire, amené les concepteurs, sous la conduite de Grigory Yavlinsky, aux réunions annuelles de 1990 du FMI et de la Banque mondiale à Washington.

L'idée du plan Chataline était de transférer la souveraineté de l'Union soviétique aux Républiques constituantes et, en même temps, de créer un mouvement inverse en accordant certaines prérogatives des Républiques à une entité nouvellement créée, le Conseil des Républiques. En théorie, l'Union soviétique aurait été remplacée par un type d'union assez semblable à l'Union européenne. En pratique, cela aurait dressé les nouvelles autorités, le Conseil des Républiques, contre les anciennes. L'ancien centre politique étant presque universellement méprisé, le nouveau aurait gagné en soutien populaire.

Cette politique intelligente n'a pas été comprise. Si elle avait reçu un appui international, Gorbatchev l'aurait très certainement entérinée. Et, même sans l'appui occidental, nous avons été a deux doigts de réussir.

Plus tard, Leonid Abalkine s'est vanté devant moi de la stratégie qu'il avait utilisée pour amener Gorbatchev à prendre position contre ce plan. Il lui avait raconté qu'il serait le treizième membre d'un conseil réunissant douze Républiques. Chaque membre aurait une solide base territoriale sauf lui. Il serait devenu, selon Abalkine, le membre le moins puissant du conseil. Cet argument l'a emporté. Un an plus tard, Eltsine a utilisé l'Etat russe pour asseoir son pouvoir, renverser Gorbatchev et dissoudre l'Union soviétique. Si Gorbatchev avait accepté le plan Chataline, il serait peut-être encore au pouvoir et l'Union soviétique se serait réformée au lieu de se désintégrer.

Vous étiez donc dès le départ impliqué dans le plan Chataline. Etiez-vous toujours engagé dans le processus de réforme qui a suivi la dissolution de l'Union soviétique?

Pas en Russie. J'étais bien disposé envers Yegor Gaïdar et prêt à l'aider, mais j'en suis venu à la conclusion que la réforme déraillait. Cela s'est passé en avril 1992, quand je me suis rendu compte que les entreprises accumulaient des créances qui représentaient environ la moitié du taux d'accroissement de la production industrielle. Cela signifiait, en gros, que la moitié de la production se retrouvait exemptée du contrôle monétaire qui était la pierre angulaire de la politique de Gaïdar. La moitié de l'industrie ignorait les signaux monétaires et continuait de produire d'après l'ancien système des « commandes d'Etat » sans se préoccuper d'être payée. Cette découverte m'a consterné. Je m'en suis expliqué avec Gaïdar quand il est venu me voir un soir à New York et il a reconnu les faits. Quelques jours plus tard, il faisait à Washington un discours d'un optimisme véhément. J'ai commencé à annoncer publiquement que l'aide occidentale devait être liée à la création d'un filet de protection sociale, ce qui aurait permis au gouvernement russe de mettre en faillite les entreprises qui ne respectaient pas les signaux monétaires. Ma proposition n'a pas eu de succès.

Apparemment, aucune des politiques que vous souteniez n'a été appliquée. Vous êtes-vous senti déçu ?

Oui. Mais les politiques que j'ai mises en œuvre par moi-même ont réussi. J'ai essayé de démontrer à l'aide d'un plan pilote comment fonctionnait mon filet de protection sociale. Ce fut l'origine de l'International Science Foundation. Nous avons distribué cinq cents dollars par an à quelque trente mille scientifiques et j'ai eu la satisfaction de voir que le système fonctionnait. En privé, j'ai suggéré un plan similaire pour les officiers de l'armée, mais je ne voulais pas cette fois créer une fondation. Un tel plan aurait coûté autour de cinq cents millions de dollars, mais cela aurait tout changé.

Pensez-vous que les dernières élections présidentielles et l'association du général Lebed au pouvoir suprême changeront fondamentalement le paysage politique en Russie ?

Le détournement de la révolution, la désintégration morale du monde politique, l'insécurité publique font que les gens aspirent à l'ordre, fût-il musclé. Le général Lebed est la réponse à leurs prières. Il a le potentiel nécessaire pour devenir le Napoléon Ier de la révolution russe. Tout comme il peut, naturellement, se détruire lui-même avant d'y arriver, car le jeu est très subtil, et lui ne l'est pas.

Vous êtes très critique à l'égard de la politique occidentale. Aujourd'hui, que recommanderiez-vous au FMI ?

Pour une fois, le gouvernement américain a apporté son aide là où il fallait. Il a balayé toutes les réticences pour contribuer, en coulisse, à la réélection d'Eltsine.

Néanmoins, le gouvernement russe risque de s'engager dans une politique de plus en plus anti-occidentale, parce que nous avons cruellement déçu ce pays, depuis l'intelligentsia jusqu'au petit peuple. Les Russes ont peut-être trop attendu de l'Ouest. Maintenant, ils ont perdu leurs illusions. Notre capacité d'influence a été réduite. Même les éléments progressistes se sont retournés contre nous. Alexandre Yakovlev, l'architecte de la glasnost, s'est plaint amèrement devant moi de la politique des Etats-Unis.

Mais vous vous êtes activement engagé en Ukraine.

Oui, je me suis efforcé de faire évoluer profondément la situation. Nous avons contribué à former de nombreux dirigeants et cadres. Là, j'ai le sentiment d'avoir accompli quelque chose.

Pour la première fois depuis 1989, les pouvoirs occidentaux avaient fait ce qui convenait : dans le communiqué de 1994 du sommet du G7 à Naples, ils avaient offert quatre milliards de dollars pour venir en aide à l'Ukraine à condition qu'elle mette en place un programme de réformes. Ce plan a coïncidé avec l'élection de Leonid Koutchma, le nouveau président ukrainien. Son prédécesseur, Leonid Kravtchouk, était un opportuniste. Comme les problèmes de l'Ukraine le dépassaient, il n'avait même pas tenté de les traiter. Il voulait rester au pouvoir en dansant tel un bouchon sur une mer démontée. Idéologue en chef du Parti communiste, il avait estimé que c'était le moment de retourner sa veste et de passer du communisme au nationalisme. La stratégie a fonctionné pendant un certain temps : il avait été élu à une plus grande majorité que tous les autres présidents (pratiquement 60 % des voix). Il a cherché à maintenir sa cote de popularité en utilisant le conflit de la flotte de la mer Noire et en soutenant d'autres thèmes nationalistes, mais il a été piégé par l'effondrement de l'économie.

Koutchma n'est pas taillé dans le même bois. Directeur d'une importante entreprise du complexe militaro-industriel, il semblait avoir la volonté de résoudre les problèmes, comprenant que si les choses ne changeaient pas, l'Ukraine ne pourrait survivre en tant que pays indépendant. Le sommet de Naples lui avait tendu une perche qu'il paraissait décidé à saisir, du moins au début. Sa compréhension des mécanismes du marché était limitée, mais il avait mesuré ce que quatre milliards de dollars pouvaient apporter à l'Ukraine : le coût des importations d'énergie du pays.

L'Ukraine était et demeure dans un état assez précaire. L'effondrement économique y a été plus grave qu'en Russie, parce qu'elle possède peu de ressources énergétiques et qu'on n'a tenté aucune réforme structurelle, aucune stabilisation de la macro-économie.

En accord avec ma théorie du boom/bust, cette aide ouvre la voie à un changement d'orientation. Etant bien placé pour intervenir, j'ai aussitôt offert mon soutien. Sous la direction d'Anders Aslund, un économiste suédois, nous avons mis en place une petite équipe d'experts pour donner aux Ukrainiens les moyens d'élaborer leur programme de réformes économiques et de traiter avec la communauté internationale. Cette coopération a été un succès. Elle se fondait sur une confiance mutuelle. Un premier accord avec le FMI a été signé en un temps record.

Etes-vous certain que le programme de réformes va marcher ?

Pas du tout. Selon moi, il présente des lacunes effrayantes. Aujourd'hui, il souffre des mêmes défauts que le programme de Gaïdar, en Russie, en 1992 : l'émission de la monnaie est assez bien maîtrisée mais le budget et le mode de fonctionnement des sociétés nationalisées échappent au contrôle. Les ministères trop dépensiers continuent à dépasser leur budget et les entreprises marchent toujours à perte. Les passifs s'accumulent. C'est intenable mais on ne parviendra pas à régler le problème sans réformes structurelles. Nous sommes loin d'être assurés du succès : le processus peut dérailler. Nous avons déjà dû nous mobiliser à plusieurs reprises pour remettre le train sur les rails.

Malheureusement le programme de réformes a été anesthésié dès le départ. Chaque fois qu'on s'efforce de le faire démarrer, il dérape. Or la communauté internationale n'a plus guère de patience ni d'argent à prêter. Les quatre milliards de dollars ont été dépensés. Il y a déjà eu tellement de ratages que le Fonds monétaire international hésite à ouvrir de nouveaux crédits.

Il est néanmoins intéressant de noter que la situation économique s'améliore, que la politique de stabilisation de la monnaie a plutôt bien marché et que l'activité reprend. Il s'agit surtout de l'économie souterraine car il existe encore trop d'impôts et de contrôles bureaucratiques. Pour en sortir, il faudrait de nouveaux crédits, un fonds de stabilisation, mais le gouvernement de Kiev n'a pas démontré qu'on pouvait lui faire confiance. Aux Ukrainiens d'apporter la preuve de leur volonté et de leur sérieux, même si la résistance politique aux réformes s'accroît. Quoi qu'il en soit, personnellement, je suis satisfait d'avoir essayé.

Vous vous donnez beaucoup de mal depuis 1988. Pourquoi vous a-t-il fallu si longtemps pour arriver à influencer les événements d'une manière positive ?

Rattraper les changements révolutionnaires prend du temps. C'est vrai pour les autorités internationales. C'est vrai pour les Ukrainiens. Par exemple, Roman Shpek a joué un rôle de premier plan dans l'équipe ukrainienne en étant ministre de l'Economie. Il est l'un des premiers diplômés de l'école de commerce créée par le directeur de ma Fondation, Bogdan Hawrylyshyn. Et c'est vrai pour moi-même.

Mais vous vous vantez de comprendre les changements révolutionnaires mieux que les autres.

Il m'a fallu du temps pour m'imposer. J'ai appris à calmer mes impatiences. Au début, je me précipitais sur toutes les occasions qui se présentaient. Maintenant, je suis prêt à m'abstenir ou à me retirer. Je n'ai pas besoin de remporter des succès à tout prix.

Etes-vous engagé personnellement dans d'autres pays?

Oui, en Bosnie. J'ai donné cinquante millions de dollars à l'UNHCR (Haut Commissariat aux réfugiés), qui ont contribué à la survie de Sarajevo. Nous avions un collaborateur de génie en Bosnie, Fred Cuny, qui a plus tard été tué en Tchétchénie. Il a installé un système d'alimentation en eau, approvisionné la ville en semences de légumes que les habitants cultivaient sur leur balcon, installé un générateur d'électricité dans un hôpital, utilisé pour la production de plasma sanguin, mais qui pouvait également approvisionner la ville en situations d'urgence, grâce à un câble qui passait par un tunnel creusé sous l'aéroport.

Je me suis aussi beaucoup investi en Macédoine. C'est la dernière démocratie multi-ethnique encore debout dans les Balkans. Elle peut survivre en tant que pays indépendant si elle dispose d'un gouvernement attaché aux principes de la société ouverte. Autrement, elle sera déchirée par les tensions entre les communautés macédonienne et albanaise.

Elle a été victime d'un blocus illégal et injustifié de la part de la Grèce, pays membre de la Communauté européenne. Les démocraties européennes auraient dû voler au secours de la Macédoine, mais elles n'ont rien fait. Les Etats-Unis ont envoyé là-bas quelques troupes de maintien de la paix, mais rien n'a été entrepris pour apporter un soulagement sur le plan économique. Je me suis engouffré dans la brèche. J'ai fourni un prêt de vingt-cinq millions de dollars qui a permis à la Macédoine d'acheter du pétrole et de subventionner le transport aérien de ses primeurs pendant la période du blocus.

Je me suis démené sans grand résultat pour susciter une

politique plus constructive à l'égard de la Macédoine. Les relations interethniques s'y sont détériorées en même temps que l'économie s'est effondrée. Les radicaux albanais ont ouvert une prétendue université sans l'autorisation du gouvernement. Il s'agissait d'une provocation politique, destinée à créer une structure illégale, comparable à ce qui a été mis en place par les Albanais du Kosovo. J'ai demandé instamment au président macédonien Gligorov de ne pas répondre à cette provocation. En vain. Il a envoyé la police et malheureusement les Albanais et les Macédoniens ont durci leurs positions.

Vous avez dit que la montée du nationalisme était la plus grande menace de la région.

Oui. Le communisme illustrait le concept d'une société fermée universelle. Cette idée a échoué. Une société ouverte universelle qui aurait pris le relais était l'unique porte de sortie possible. Mais il aurait fallu que les sociétés ouvertes du monde libre appuient cette initiative. Une société ouverte étant une forme d'organisation plus avancée qu'une société fermée, comment opérer un retournement révolutionnaire sans l'aide d'une main tendue de l'extérieur ?

Aucun principe unificateur ne remplacera l'ancien système. Globalement les idées générales sont en perte de vitesse. Les gens ne sont préoccupés que par leur survie personnelle. Ils ne sont sensibilisés à une cause commune qu'en cas de menace. Malheureusement, de telles menaces n'ont rien d'imaginaire. Les conflits ethniques sont utilisés pour mobiliser les populations et engendrer des sociétés particulières fermées. Milosević indique la voie. Il a de nombreux imitateurs.

Considérez-vous que la menace du nationalisme soit universelle ?

La nature du nationalisme est d'être limité. Il a pourtant un aspect universel. Contagieux, il prospère en l'absence de comportements civilisés ou d'idées universelles comme celle des droits de l'homme. La montée du nationalisme et des conflits ethniques trahit des lacunes dans l'ordre et le droit internationaux.

Les nationalistes appartiennent à la même famille. Le Serbe Milosević et le Croate Tudjman se trouvent sur la même longueur d'onde.

En ce qui concerne la Russie, vous êtes assez pessimiste. Je suis surpris par l'optimisme que vous manifestez à l'égard des pays d'Europe centrale. Leurs perspectives sont meilleures que celles de l'ancienne Union soviétique, mais il ne semble pas évident que leur progression vers une économie de marché et une société libre soit irréversible.

Je suis surpris par votre surprise. Le système communiste a sombré et ces pays – à l'exception de la Slovaquie – se sont impliqués dans la démocratie et l'économie de marché. Ma principale inquiétude est de savoir si l'Union européenne sera assez ouverte pour les accepter.

Ne craignez-vous pas un retour au système communiste en Pologne et en Hongrie ?

Pas particulièrement. En tant qu'idéologie, le communisme est bel et bien mort. Au plus fort de la révolution, les anciens communistes ont été rejetés par leur électorat. Leur retour à la vie publique correspond à un élargissement souhaitable de l'éventail démocratique, ce qui ne veut pas dire que je sois d'accord avec leur politique. Je pense qu'ils sont nocifs. Mais dans le cas de la Pologne, le parti agraire est plus dangereux que celui des anciens communistes. En ce qui concerne la Hongrie, je fondais de grands espoirs sur la coalition socialiste-libérale.

Vous aviez proposé une solution au problème de la dette en Hongrie.

Pendant les élections de 1990. J'y avais vu l'occasion de tirer un trait sur la dette accumulée sous le gouvernement communiste. Quand il y a discontinuité, quand un gouvernement légitime remplace un gouvernement illégitime, une telle action est possible. Mais l'occasion n'a pas été saisie et elle ne se présentera plus. Les anciennes et les nouvelles dettes hongroises se sont confondues, et la dette bancaire a été remplacée par une dette de marché. En parler ne ferait qu'envenimer les choses.

La Pologne n'a pas de problèmes sérieux, parce que sa dette a été rééchelonnée. Aujourd'hui, je considère que c'est l'un des pays les plus sains d'Europe. Son économie se développe rapidement et, plus important, la population est animée par l'état d'esprit qui convient. La vie publique y semble moins corrompue et les gens s'y soucient plus du bien public que dans la plupart des anciens pays communistes. Je remarque une grande émulation intellectuelle à la Stefan Batory Foundation, notre fondation en Pologne.

Voilà une étrange opinion. La plupart des gens placeraient la République tchèque et la Hongrie avant la Pologne.

Ils sont peut-être devant la Pologne mais elle les rattrape vite. Mais l'élan de la Pologne ne doit pas être ralenti par les événements politiques. Dommage que l'électorat ait rejeté le gouvernement inspiré par Solidarnosc juste au moment où il trouvait sa cohérence !

Les Tchèques ont tiré profit de leur séparation d'avec la Slovaquie, mais leurs progrès se sont opérés au détriment de l'Europe.

Le président slovaque Meciar essaye d'aligner son pays sur la Russie. Son ambition est de devenir le premier avant-poste du nouvel empire russe. S'il réussit, la Slovaquie sera pointée comme une épée vers le cœur de l'Europe. Voilà à quoi mène la poursuite obstinée de ses propres intérêts !

La Roumanie va-t-elle aussi devenir un point chaud ?

Pas nécessairement. C'est un pays dévasté qui ne réunit pas les conditions nécessaires à une société ouverte. Elle est gouvernée par un régime crypto-communiste qui s'est senti obligé de s'aligner sur les partis nationalistes extrémistes. Il y a là des germes de troubles qui peuvent être contenus car le régime ne veut pas se couper de l'Europe. Les forces démocratiques sont faibles et n'ont, heureusement, pas eu l'occasion de diriger le pays.

Heureusement ?

Oui. Elles n'étaient pas prêtes, elles auraient échoué, comme les démocrates en Bulgarie. Ou les intellectuels dissidents en Tchécoslovaquie. Les démocrates roumains ont besoin de temps pour s'affirmer et je discerne chez eux des signes de maturité. Ils pourront bientôt coopérer les uns avec les autres. Ils comprendront que tout le monde ne peut pas se trouver à la tête d'un parti !

Mais il ne leur reste pas beaucoup de temps. Maintenant que les nouvelles structures économiques et financières commencent à se solidifier, ce ne sont plus les idées qui décideront des élections mais le financement et le contrôle des médias. Si les démocrates ne parviennent pas à percer, ils peuvent se retrouver définitivement exclus du pouvoir.

Que peut imaginer l'Ouest pour aider les pays d'Europe centrale et de l'Est ?

Cela varie selon les moments, comme d'un pays à l'autre. Il faut que l'Europe centrale ait accès aux marchés et soit membre de l'Union européenne. La Roumanie a besoin d'être aidée pour donner naissance à une démocratie et à des médias indépendants. Je pense surtout à la télévision. D'une manière générale, plus on va à l'Est et au Sud, plus le besoin d'une assistance, technique ou autre, se fait sentir.

Vous avez été très critique à l'égard des politiques occidentales. Comment mieux rentabiliser l'aide qu'elles apportent aux pays de l'Est ?

L'aide technique est fournie par des bureaucraties avec les aspects négatifs que cela comporte. Les bureaucrates sont parfois des gens formidables et bien intentionnés, mais ils sont limités par les règlements. Dans nos fondations, nous plaisantons souvent sur l'aide occidentale, dernier vestige de l'économie planifiée, car elle est destinée à profiter aux donateurs et non aux destinataires.

Les fondations essayent d'inverser le courant en cherchant à répondre aux besoins du pays concerné. En Ukraine, nos experts financiers travaillent pour les Ukrainiens : ce sont eux qui les sélectionnent et qui les renvoient s'ils ne sont pas satisfaits.

Notre concept d'assistance est efficace. D'abord, on trouve un partenaire local en qui on a confiance. Ensuite, on lui donne les moyens d'accomplir sa mission, tout en contrôlant les cordons de la bourse. Cependant, les fondations se bureaucratisent elles aussi, et la plaisanterie nous concerne de plus en plus.

L'assistance occidentale est passée par trois phases. Dans la première, nous aurions dû proposer notre aide, mais nous l'avons oublié. Dans la deuxième, nous l'avons promise, mais nous n'avons rien fait. Nous abordons maintenant la troisième phase. Nous livrons, mais notre aide n'est pas efficace.

Pensez-vous que vous ayez changé le cours de l'histoire en Europe de l'Est ? Si vous n'aviez pas été là, les choses se seraient-elles passées différemment ?

Mon influence a été marginale. En Hongrie, notre fondation a aidé à saper le régime communiste – nous avons soutenu des écrivains qui ont renversé l'Union des écrivains officielle, aidé de jeunes dirigeants qui ont formé la première ligue de la jeunesse non communiste – mais le régime se serait de toute façon effondré. Il s'est écroulé dans des pays où il n'existait pas de fondation. En revanche, je pense que nous sommes en grande partie responsables de la transition sans heurts d'un régime à l'autre, et de l'installation des bases d'une société ouverte.

Envisagez-vous des développements politiques qui pourraient vous pousser à vous retirer de certains pays?

Certainement. Je suis surpris que cela ne soit pas encore arrivé. Alors que les conflits locaux se multiplient, notre prise de position dans un pays pourrait déplaire au voisin. La liberté de communiquer et de voyager n'est pas définitivement acquise. Ma fondation en Yougoslavie s'est vu retirer son autorisation, finalement rétablie après une campagne internationale.

Je ne partirai pas de mon plein gré. Quand les gens qui travaillent pour moi sont mis sous pression, je suis encore plus motivé pour les soutenir. Mais le plus grand risque d'expulsion est l'indifférence. Ce fut le cas à Prague, où ma fondation n'a été ni attaquée ni soutenue, bien qu'elle ait récemment montré des signes de reprise.

Il se peut que nous fermions pour des raisons de budget, mais nous avons encore au moins huit ans devant nous. A l'exception de l'Université d'Europe centrale, je ne tiens pas à ce que mes fondations durent éternellement!

ONU

6

L'AVENIR DE LA SOCIÉTÉ OUVERTE

La crise contemporaine plonge ses racines au cœur de notre société libérale, au lendemain de sa victoire sur le communisme. Ce sont désormais les sociétés ouvertes qui doutent de leurs valeurs. Soros s'investit donc de plus en plus à l'Ouest : il a des projets aussi bien pour l'avenir de l'Alliance atlantique que pour quelques-uns des problèmes qui déstabilisent la société américaine elle-même. Jusqu'où ira le milliardaire philanthrope ?

Vous avez récemment annoncé que vous alliez tourner plus systématiquement votre attention vers les nations de l'Ouest. Pourquoi ?

Le changement de régime en Europe de l'Est date maintenant de six ou sept ans. Au plus fort de la révolution, beaucoup de choses étaient possibles. J'ai essayé de saisir cet instant privilégié mais, dans l'ensemble, le résultat n'a pas correspondu à mes attentes. Les structures qui s'annoncent là-bas ne sont pas celles des sociétés ouvertes. La tendance irait plutôt dans la direction opposée. Je n'ai pas abandonné tout espoir, mais, dans la vie comme à la Bourse, je sais reconnaître une tendance quand j'en vois une : il faudra beaucoup de temps et d'efforts pour prendre une nouvelle orientation.

Entre-temps, un autre changement de régime se prépare dans l'ensemble du monde. On le voit moins clairement que dans l'ancienne Union soviétique, mais il est d'une portée aussi considérable dans ses implications. Alors que tout le monde a pris conscience de la révolution qui a bouleversé l'ancienne Union soviétique, celle qui s'est opérée dans les relations internationales a en grande partie échappé à notre attention. Les peuples pris dans l'effondrement de l'Union soviétique ne pouvaient pas ignorer qu'ils vivaient des temps révolutionnaires. Le reste du monde a été moins directement affecté et il lui faudra du temps pour prendre la mesure de ces changements.

La guerre froide n'avait rien de très réjouissant, mais elle symbolisait un ordre particulièrement stable. Deux superpuissances, représentant deux formes d'organisation sociale opposées, s'étreignaient dans un combat à mort. Mais elles étaient obligées de tenir compte de leurs intérêts vitaux respectifs, car elles agissaient dans des conditions de destruction mutuelle assurée en cas d'affrontement. Du jour où l'une des deux superpuissances s'est effondrée, rongée de l'intérieur, ce système n'a plus fonctionné. Aucun ordre nouveau ne l'a remplacé. Le processus de désintégration se poursuit avec la même intensité et il s'étend de l'ex-Union soviétique à l'Alliance atlantique. La raison de cette désintégration est que le monde libre n'est pas conséquent avec l'idéal de société ouverte. Il refuse les efforts et les sacrifices nécessaires au triomphe de son système. Mon but, en Europe de l'Est, était de promouvoir ce concept. Maintenant, j'ai le sentiment que l'urgence, pour moi, est de tourner mon attention vers le reste du monde. En Europe de l'Est, je voulais ouvrir le chemin, mobiliser les énergies du monde libre et amener les autres à me suivre. Mais quand je regarde derrière moi, je vois bien que je suis pratiquement seul. Je me demande encore pourquoi.

Je ne surestime pas l'importance et l'impact des idéaux, mais quand les hommes croient en quelque chose, ils déplacent les montagnes. Aujourd'hui, simplement, nos concitoyens ne croient pas qu'une société ouverte soit un objectif qui vaille la peine.

Mais vous avez dit vous-même que la société ouverte était un concept trop compliqué et contradictoire pour rassembler.

Les gens sont prêts à se battre pour leur roi ou leur pays. Ils veulent bien se défendre contre une blessure nationale ou ethnique, réelle ou imaginaire. Mais ils ne se mobiliseront pas pour soutenir la société ouverte. Si on avait encore des illusions, la Bosnie nous l'a amplement démontré. Il suffit d'observer le monde occidental : il n'a rien compris aux enjeux de ce conflit. Il ne s'agissait pas d'une guerre civile entre Serbes, Croates et Bosniaques musulmans mais d'une agression serbe. Le nettoyage ethnique représentait pour les Serbes un moyen. Il s'agissait d'un conflit entre une conception ethnique et une conception civique de la citoyenneté. Avec pour conséquence de dresser les paysans serbes contre les citadins de Sarajevo et des autres villes de Bosnie.

Ce malentendu était-il délibéré ou non chez les dirigeants occidentaux ? Cela est moins clair. Il y a eu pas mal de « brouillage » de la part des gouvernements de l'Ouest, qui ne voulaient pas s'impliquer. On a beaucoup parlé des « Balkans, éternel théâtre de conflits ethniques inextricables », en oubliant que trois nationalités et quatre religions avaient coexisté à Sarajevo pendant au moins quatre siècles. Mais il y avait aussi, de la part des gouvernements occidentaux, un authentique désarroi, une réelle incapacité à affronter le problème, parce qu'ils n'avaient pas appris à penser en termes de sociétés ouvertes et fermées.

Les hommes d'Etat et les diplomates sont formés à gérer les relations entre gouvernements. Intellectuellement, ils ne sont pas préparés à affronter une situation qui voit la désintégration d'un pays comme la Yougoslavie. D'abord, ils essayent d'empêcher l'implosion. James Baker, le secrétaire d'Etat américain, s'est rendu à Belgrade une semaine avant que la Slovénie et la Croatie ne fassent sécession. Peu de temps après j'ai moi-même rencontré l'ambassadeur américain Warren Zimmerman. D'après lui, les Etats-Unis ne voyaient pas d'objection à ce que l'armée yougoslave maintienne l'unité de la Yougoslavie par la force... si des élections fédérales devaient avoir lieu dans les six mois.

Quand il s'est avéré impossible de préserver l'unité de la

Yougoslavie, la communauté internationale a tenté de traiter les différentes Républiques comme des Etats constitués. Là, les Allemands portent une lourde responsabilité. Ils ont insisté pour reconnaître la Croatie et la Slovénie, ce qui a pratiquement obligé la Bosnie et la Macédoine à opter pour l'indépendance, sinon elles auraient été intégrées à un Etat majoritairement serbe, fondé sur des principes ethniques.

Reconnaître la Bosnie et la Macédoine, en les admettant aux Nations unies, impliquait certains engagements de la communauté internationale, mais quand le clash s'est produit, celle-ci n'a pas assumé ses responsabilités. Ensuite, la faute incombe aux Anglais. Quand l'horreur du nettoyage ethnique, révélée à la télévision, devint incontestable, l'Angleterre était présidente de l'Union européenne. Les gouvernements occidentaux étaient déjà au courant depuis un certain temps, mais ils avaient étouffé l'information. Le gouvernement britannique ne pouvait plus rester sans réagir, mais il refusait de s'impliquer militairement. La solution que les Anglais ont imaginée était particulièrement infâme : ils ont proposé d'envoyer les forces de maintien de la paix là où il n'y avait pas de paix à maintenir. Ils savaient ce qu'ils faisaient, leur comportement était très cohérent. Les Etats-Unis et la France ont oscillé entre l'opportunisme et des proclamations de grands principes.

Le résultat a été humiliant : la plus belle démonstration de faiblesse de l'histoire des démocraties occidentales. Le mandat de la FORPRONU était inapplicable. La mission était officiellement d'apporter une aide humanitaire à la population civile mais, pour y parvenir, les soldats de l'ONU devaient d'abord obtenir l'accord et la coopération de toutes les parties en guerre. Coincés entre les agresseurs et les victimes, les soldats des Nations unies étaient donc condamnés à observer une inacceptable neutralité, et comme le massacre des civils faisait partie de la stratégie des Serbes, les troupes internationales sont devenues un outil entre leurs mains. Les soldats de l'ONU ont été amenés à se conduire comme les Kapos dans les camps de concentration. Un seul petit exemple : ils ont empêché le courrier de l'extérieur d'être distribué à la population civile de Sarajevo. Attitude scandaleuse. Et je ne parle même pas, bien sûr, des massacres de milliers de civils bosniaques à Srebrenica, zone officiellement « protégée » par l'ONU.

Les responsables militaires ont eu des réactions diverses. Le général français Morillon est allé au-delà de son mandat en défendant la population de Gorazdé. A l'inverse, le général anglais, Sir Michael Rose, a essayé de salir les Bosniaques afin de justifier sa neutralité.

C'était pire qu'à Munich, parce que, à Munich, on avait démissionné avant l'agression. En Bosnie, on a démissionné après. A la suite de l'humiliation de Munich, nous étions prêts à nous battre pour la liberté, la démocratie et la société ouverte. Nous l'avons fait au cours de la Seconde Guerre mondiale. Notre concept de liberté était alors universel, nous ne visions pas seulement à défendre notre pays, mais à propager nos idées dans le monde. En luttant contre nos ennemis de l'époque, l'Allemagne et le Japon, nous avons accompli du bon travail, et nous avons ensuite affronté avec détermination la menace communiste.

Mais après la dissolution de l'empire du Mal, il semblerait que nous ayons perdu nos points de repère. Je crois que notre notion de la liberté a changé. Elle a été remplacée par un concept plus étroit : la poursuite à tous les niveaux de l'intérêt personnel. Cette obsession s'est traduite par la montée du réalisme géopolitique en politique étrangère et par une apologie de l'économie du laisser-faire. La doctrine du réalisme engage les nations à poursuivre des buts définis par leur intérêt géopolitique. Dans la lutte darwinienne pour la survie, tout engagement envers des principes moraux universels est un fardeau qui peut mener à la défaite. En somme, prôner les valeurs d'une société ouverte était un magnifique outil de propagande pour embarrasser l'Union soviétique, à condition de ne pas trop y croire. En économie, la doctrine du laisser-faire stipule que la liberté des participants de poursuivre leurs propres intérêts est le moyen le plus efficace d'assurer la répartition des biens. Là encore, dans cette sélection naturelle à la Darwin, l'économie la plus efficace devrait l'emporter.

Ces doctrines sont trompeuses et mal adaptées. Elles mettent l'accent sur l'importance de la compétition à l'intérieur du système, mais ne prêtent aucune attention à la préservation du système lui-même. Elles tiennent pour acquise une société ouverte dans laquelle les gens sont libres de s'affronter. Pourtant, s'il y a une leçon à tirer de l'expérience de la fin de l'Union soviétique, c'est qu'une société ouverte n'est pas « naturelle » : l'effondrement d'une société fermée ne conduit pas automatiquement à la création d'une société ouverte. La liberté, ce n'est pas seulement l'absence de répression. Une société ouverte, ce n'est pas uniquement l'absence d'ingérence du gouvernement. C'est une structure sophistiquée, reposant sur des lois et des institutions, et qui exige certains modes de pensée et de comportement.

Quand la société s'ouvre, les instruments du pouvoir sont moins visibles : voilà pourquoi il est tellement facile de ne pas prêter attention à sa structure. Et l'expérience des cinq dernières années a montré combien il est difficile de donner naissance à une société ouverte.

Donc, vous estimez que les puissances occidentales sont responsables de la difficulté des pays communistes à évoluer vers des sociétés ouvertes?

Oui, en grande partie. En vérité, si l'Occident avait fait les bons choix, le processus aurait sans doute été long et ardu, avec de nombreux faux pas. Mais au moins les pays communistes avanceraient-ils plus nettement dans la bonne direction. Les démocraties occidentales sauraient également où elles vont, ce qui est encore plus important. L'Europe en particulier avait besoin de l'Europe de l'Est pour en recevoir un contenu spirituel, moral. Privée de valeurs, l'Europe stagne. L'Union européenne est un imbroglio de règles compliquées et de manœuvres bureaucratiques.

Les jeunes, particulièrement en Allemagne et en France, étaient jadis heureux de surmonter leurs différences historiques pour appartenir à la même entité politique. Aujourd'hui, ils deviennent de plus en plus indifférents, comme le montre leur façon de voter.

En septembre 1993, au pire moment de la tragédie bosniaque, j'ai donné une conférence à Berlin sur le danger de désintégration de l'Europe. Une partie de ce que j'avais déclaré à l'époque menace toujours de se réaliser. D'un côté, un certain nombre de nouveaux pays ont été admis dans l'Union mais, de l'autre, le gouvernement anglais est presque uniquement obstructionniste – cela changera peut-être après les élections –, l'Allemagne lorgne vers l'Est et la France vers le Sud. La détermination obstinée de Paris et de Berlin à ne pas s'éloigner l'une de l'autre ne suffira pas seule à préserver la cohésion de l'Europe. Pour y parvenir, il faudra une volonté politique ferme, l'acceptation d'un assouplissement des conditions d'union monétaire et, surtout, l'adhésion à des valeurs partagées. C'est un pari difficile. Mais, personnellement, je souhaite qu'il soit gagné.

Et les Etats-Unis?

Ce pays souffre d'une crise d'identité aiguë. Nous étions une superpuissance, les leaders du monde libre. Les deux expressions étaient synonymes, on pouvait les intervertir. Mais l'effondrement de l'Union soviétique a bouleversé tout cela, maintenant il nous faut choisir entre les deux. Pour nous maintenir dans une position dominante, il nous manque la puissance. Et surtout l'intérêt économique : nous ne sommes plus les principaux bénéficiaires du commerce international et du système financier. Nous n'avons plus les moyens d'être les gendarmes du monde.

Durant la plus grande partie du XIXe siècle, l'Angleterre a dominé le monde par ses banques, son commerce, ses transports maritimes et ses sociétés d'assurances. Elle avait un empire colonial qui faisait le tour de la terre, les moyens d'entretenir une flotte de bateaux de guerre qui pouvaient être envoyés dans n'importe quel endroit du globe.

Aujourd'hui, les Etats-Unis possèdent la puissance militaire, mais ils ont perdu l'intérêt économique et le désir politique de se mêler de conflits éloignés. Pour mieux protéger ses intérêts nationaux, l'Amérique demeure une superpuissance militaire, mais on peut se demander si ses intérêts justifient de telles dépenses. D'autres nations, comme le Japon, abritées sous le parapluie militaire des Etats-Unis, pourraient très bien retirer un plus grand bénéfice que nous de cette puissance. Nous ne pouvons même plus nous vanter d'être les leaders du monde libre : nos intérêts nationaux ne se confondent pas avec les droits de l'homme. Nous nous sommes retirés de Somalie. Nous avons eu les plus grandes difficultés à nous décider à intervenir en Haïti, et nous avons longtemps refusé d'envisager d'envoyer des troupes en Bosnie. La seule façon de rester les leaders du monde libre serait de nous servir du cadre de l'ONU, en n'agissant pas seuls mais en collaboration avec les autres pays. Mais, dans la politique américaine, « ONU » est devenu un mot grossier. L'animosité envers les Nations unies est tellement forte que nous risquons de tuer cette organisation au lieu de la transformer en une force effective de maintien de la paix et de l'ordre.

Je partage souvent, en fait, le sentiment populaire. Je considère aussi que l'ONU est un organisme inefficace et dispendieux. Dans mon œuvre philanthropique, chaque fois que je tombe sur des agences de l'ONU, je les évite soigneusement. A une exception près : l'UNHCR (le Haut Commissariat aux réfugiés).

Je ne blâme pas l'ONU en tant que telle. Les grands responsables ce sont les membres du Conseil de Sécurité, et tout particulièrement les membres permanents qui ont un droit de veto, parce que ce Conseil n'est qu'un instrument entre leurs mains. Ce sont eux qui décident de ce que l'ONU peut ou ne peut pas faire. Dans le cas de la Bosnie, les responsabilités sont encore plus circonscrites. Elles reposaient sur trois Etats membres permanents : les Etats-Unis, le Royaume-Uni et la France. Si ces trois pays étaient tombés d'accord entre eux, ils auraient pu mener la politique qu'ils voulaient.

Ils avaient les forces de l'OTAN à leur service. S'ils l'avaient désiré, le Conseil de Sécurité aurait confié très tôt à l'OTAN la tâche de réaliser la paix en Bosnie. Les autres membres du Conseil auraient suivi. La Russie aurait éventuellement émis des objections, mais pas en 1992. Or le secrétaire général de l'ONU, Boutros Boutros-Ghali, avait écrit une lettre au Conseil de Sécurité implorant de ne pas imposer une mission impossible aux troupes des Nations unies.

L'OTAN jouissait d'une certaine crédibilité. Dès qu'elle a commencé à intervenir, les Serbes bosniaques se sont dégonflés. Mais chacun des Etats occidentaux avait ses propres raisons de refuser que l'OTAN prenne les choses en main. La Bosnie a fait davantage pour détruire l'ONU que n'importe quelle autre crise. Boutros Boutros-Ghali est allé jusqu'à affirmer que la Bosnie n'était qu'une des dix-sept crises humanitaires auxquelles l'ONU était confrontée. Il n'a pas vu que la Bosnie servait de catalyseur à l'éclatement de l'Alliance occidentale. Et sans l'union de l'Occident, l'ONU ne peut survivre.

Le Conseil de Sécurité, qui a le pouvoir de maintenir la paix et l'ordre dans le monde, a été conçu pour être efficace à condition que les grandes puissances soient d'accord entre elles. Mais il n'avait pas plus tôt vu le jour que les grands se sont opposés – à l'exception de la Corée – et l'ONU n'a jamais pu fonctionner comme prévu. Elle est rapidement devenue un forum public où des ennemis implacables s'injuriaient et rivalisaient pour trouver des appuis parmi les nations non alignées. Dans les rares occasions où ils réussissaient à signer un accord, on s'en remettait à l'ONU pour le faire appliquer. Ce fut l'origine des missions de maintien de la paix. La seule exception a précisément été la guerre de Corée, quand l'Union soviétique a commis l'erreur, à un moment crucial, de boycotter l'assemblée.

Quand Gorbatchev est arrivé au pouvoir, il croyait encore beaucoup à l'ONU. Il a payé les arriérés de l'Union soviétique, et il est venu à New York pour prononcer un discours à l'assemblée générale. Il y donnait un aperçu de sa vision de l'ONU, qui était un retour à la conception originale. C'est la seule partie de son programme qui avait été correctement pensée, car le ministère soviétique des Affaires étrangères était l'unique secteur de la bureaucratie soviétique qui appuyait sincèrement les réformes. Gorbatchev envisageait une grande alliance entre l'OTAN et l'Union soviétique. L'URSS aurait apporté son appui politique aux puissances de l'Ouest, et celles-ci l'auraient aidée économiquement en lui donnant les moyens d'assumer la transition vers l'économie de marché. Mais on n'a pas vraiment cru en Gorbatchev, et la Russie a repris les choses à peu près là où l'Union soviétique les avait laissées. Pour la première fois de son histoire, l'ONU aurait pu devenir une organisation efficace.

Voilà pourquoi c'est une tragédie que la guerre en Bosnie ait éclaté à ce moment-là. Les alliés occidentaux disposaient d'au moins cinq ou six ans pour faire fonctionner l'ONU, mais ils ont loupé le coche. Je n'exagère pas quand je dis que la Bosnie risque de jouer le même rôle pour l'ONU que l'Abyssinie pour la SDN en 1935.

Donc, vous avez abandonné tout espoir pour l'ONU?

Au contraire, je suis de plus en plus convaincu que nous devons tout mettre en œuvre pour l'empêcher de suivre le même destin que la SDN. Ne reproduisons pas l'erreur que nous avons commise en ignorant Gorbatchev. L'échec de l'ONU est l'échec de ses membres, en particulier des membres du Conseil de Sécurité et plus précisément des Etats-Unis. Il est facile de critiquer l'ONU comme s'il s'agissait d'une organisation sur laquelle nous n'aurions aucune influence. Cela ne correspond pas à la vérité. Le Conseil de Sécurité a été conçu pour fonctionner avec les Etats-Unis agissant de concert avec les autres membres permanents. En tant qu'unique superpuissance rescapée, on nous a placés dans le rôle du leader. Si l'ONU échoue, c'est parce que nous l'avons condamnée à l'avance, alors que nous devrions tout faire pour la sauver.

Mon pays se retrouve dans une situation contradictoire. N'ayant plus les moyens d'être les gendarmes du monde, les Etats-Unis ont besoin d'une organisation internationale pour maintenir l'ordre et la paix. Mais l'organisation internationale à leur disposition, l'ONU, est mal adaptée. Donc, nous devons nous donner les moyens de la faire fonctionner.

Il s'agit d'une association d'Etats souverains, dont les membres sont guidés par leurs intérêts nationaux. Cette organisation répond, non pas à un seul maître mais à plusieurs, ce que n'arrangent pas les problèmes bureaucratiques, le principal objectif de la bureaucratie étant d'assurer sa survie. Avoir de nombreux maîtres engendre une attitude du genre « ça ne va jamais marcher » ou « il faut protéger nos arrières ». Dans un processus de sélection naturelle, seuls ceux dont le souci principal est de préserver leur emploi parviennent à le garder. Malheureusement, la sélection n'est pas naturelle. Les Etats membres ne se gênent pas pour distribuer des postes en fonction de leur pouvoir. Pour leurs collaborateurs, la sécurité de l'emploi est pratiquement totale.

On ne peut arriver à rien. Le nœud du problème, à savoir la souveraineté nationale, ne peut être résolu. Si l'exécutif n'est pas responsable devant les Etats membres, devant qui l'est-il ? On ne peut pas laisser en place une bureaucratie qui s'autogouverne. Dans le cas de l'Union européenne, qui souffre en gros des mêmes défauts, on pourrait donner un plus grand rôle au parlement européen. Mais pour l'ONU, ce serait utopique d'envisager un Parlement du monde. Il reste à essayer d'obtenir des Etats membres qu'ils placent l'intérêt collectif au-dessus des intérêts nationaux. Mais cela semble également assez utopique.

Un changement majeur est nécessaire. De nombreuses fonctions sont devenues obsolètes, mais rien n'est prévu pour les réformer. Le meilleur exemple en est le Conseil de tutelle, qui n'a pas été supprimé alors que le dernier territoire sous administration a conquis son indépendance depuis longtemps. Mais on ne peut espérer qu'une institution renonce spontanément à ses propres intérêts : il faut donc mobiliser les opinions publiques pour qu'elles fassent pression sur leurs gouvernements, et réexaminer dans le détail la façon dont l'ONU fonctionne. Mais comment l'opinion publique exercerait-elle des pressions alors que la plupart des gouvernements concernés ne sont pas démocratiques ? Et comment s'y prendre pour la mobiliser ? D'innombrables études ont proposé diverses façons de réformer l'ONU, mais elles sont tombées à plat. Il faudrait un slogan comme « le droit à la vie » ou « les dix points » ou « le contrat avec l'Amérique ». Je cherche une formule de ce genre. Pourquoi pas « réinventer l'ONU » ?

Les Nations unies ont atteint leur cinquantième anniversaire ; or les organisations déclinent toujours avec le temps. Il faudrait retourner au tableau noir et élaborer un nouveau projet pour les cinquante années à venir.

Il vaudrait mieux aborder les réformes en bloc. Les plus grands pays se concerteraient, proposeraient de nouvelles structures et inviteraient les autres membres à souscrire à la nouvelle charte, comme elles l'ont déjà fait pour la charte originelle. En réalité, ce document lui-même n'a pas besoin de beaucoup de changements. Ce qu'il faudrait, c'est restructurer l'organisation et proposer une clause annulant les débats en cours afin de prendre un nouveau départ.

Comment voyez-vous le rôle de l'OTAN ? Appuyez-vous son expansion vers l'Est ?

Si un accord solide avait été passé entre les puissances de l'OTAN et l'Union soviétique, les pays d'Europe centrale seraient naturellement entrés dans l'Alliance atlantique, protégés par elle. Même après le démantèlement de l'Union soviétique, rien n'empêchait de poursuivre la même politique avec la Russie. Mais nous manquions de vision politique. Le « partenariat pour la paix » n'était qu'une version édulcorée, et cela n'a pas marché parce que nous n'étions pas prêts à l'appuyer par une assistance économique conséquente vis-à-vis de la Russie. Maintenant, il est trop tard. Les relations entre la Russie et l'Ouest se sont détériorées. Pis encore, la situation de la Russie elle-même s'est dégradée. Il n'est plus possible de poursuivre l'élargissement vers l'Est tout en restant en bons termes avec la Russie, qui s'y oppose. Quand Eltsine s'est rendu en Pologne au cours de l'été 1993, il était encore d'accord pour laisser ce pays entrer dans l'OTAN, puis il a changé d'avis face aux objections de ses généraux, et depuis lors, la position russe s'est durcie.

Il serait maladroit de chercher à apaiser une Russie intransigeante. Pour commencer, la Pologne devrait être admise à l'OTAN, mais nous devrions déployer les plus grands efforts pour rassurer la Russie, par exemple sous forme d'un traité entre elle et l'OTAN, comme l'ont proposé les pays membres européens.

Il existe un problème beaucoup plus important : quelle est l'utilité de l'OTAN ? Si une clause destinée à prendre un nouveau départ est nécessaire pour les Nations unies, elle est indispensable pour l'OTAN. L'idée originelle d'un pacte de défense dans le but de protéger l'intégrité territoriale des Etats membres reste valide en théorie, mais elle justifie difficilement les coûts nécessaires au maintien de l'Alliance aujourd'hui. Même si une dictature nationaliste s'installait en Russie, il faudrait des années avant que ce pays redevienne une puissance militaire sérieuse. On peut même soutenir que si la Russie tombait sous l'emprise d'une dictature nationaliste, il lui faudrait beaucoup plus de temps pour reconstruire cette puissance que si elle avait choisi l'économie de marché. En pratique, il est donc difficile d'imaginer que les pays appartenant à l'OTAN soient directement menacés. En revanche, la situation en dehors des frontières des pays membres est de plus en plus instable. Il s'agit donc de savoir si l'OTAN est capable de projeter sa puissance au-delà de ses frontières. Et c'est là que la volonté, mais aussi l'intelligence politique, font défaut.

Je pense que l'OTAN doit se transformer en instrument destiné à protéger les valeurs et les principes de la société ouverte, non seulement à l'intérieur de ses frontières mais au-delà. Cela ne veut pas dire que l'Alliance doit intervenir chaque fois que ces principes sont violés : cela signifie seulement qu'elle devrait être prête chaque fois que les Etats membres, agissant de concert, feraient appel à elle. Les valeurs et les principes de la société ouverte sont universels, et ils ne sauraient constituer une simple question d'intérêt national ; au contraire, il s'agit d'un intérêt collectif. Ainsi se définit la nouvelle mission de l'OTAN qui, si elle avait été correctement formulée, aurait permis la mobilisation des pays membres quand la crise s'est déclarée en Bosnie, et cela aurait probablement joué un rôle de dissuasion assez fort pour empêcher l'agression serbe. Le drame aurait pu être évité.

Vous pensez que, dans ce cas, les Anglais auraient agi différemment ?

C'est possible. Une des raisons pour lesquelles les Anglais étaient déterminés à échapper à l'implication militaire, c'est qu'ils avaient peur de se retrouver seuls à porter le chapeau. Les Américains déclaraient qu'il s'agissait d'une affaire européenne, et l'Allemagne était dans l'impossibilité d'intervenir, à cause de sa constitution et de son passé historique en Yougoslavie. Restaient donc les

Français et les Anglais. L'Angleterre avait les mains liées en Irlande du Nord et n'avait presque pas de troupes disponibles. Mais si l'OTAN s'en était chargée, le Royaume-Uni aurait pu participer à l'opération dans les limites de ses capacités.

Les Etats-Unis se réclamaient de principes élevés mais se sont refusés trop longtemps à engager des troupes au sol ; ils doivent repenser leur rôle dans le monde. Si celui de l'OTAN avait été bien défini et expliqué aux Américains, les troupes américaines auraient pu intervenir plus tôt sur le terrain. Je pense que, pour plusieurs raisons, l'OTAN est mieux placée que l'ONU pour faire rayonner, sur une base collective, la puissance militaire américaine dans le monde. D'abord, elle a été créée et dirigée par les Etats-Unis, même si, à l'avenir, il faudra repenser la nature du leadership américain. Ensuite, elle est composée d'Etats démocratiques qui partagent les mêmes valeurs, tandis que l'ONU est beaucoup plus disparate. Enfin, l'OTAN est efficace en tant que force militaire multinationale, tandis que l'ONU n'a tout simplement pas les structures de commandement pour mener à bien une opération militaire.

Les troupes de l'ONU peuvent être utilisées comme gardiens de la paix (article VI de la charte des Nations unies), mais le maintien de la paix (article VII) est un travail pour l'OTAN.

Toujours à l'Ouest, pourquoi avez-vous lancé certaines activités philanthropiques aux Etats-Unis ?

Cette intention a toujours fait partie de mon programme. Il s'agit d'aider à améliorer la qualité de vie des sociétés ouvertes, mais j'ai été tellement absorbé par la révolution dans les pays de l'Est que je n'avais pas eu le temps de m'y consacrer. Vers 1992, quand la révolution a commencé à se ralentir et que j'avais encore des fonds à ma disposition, j'ai commencé à regarder autour de moi et j'ai constaté, dans nos propres sociétés ouvertes, une grande absence de valeurs. Tout ce que j'ai pu observer au cours de ces cinq dernières années me renforce dans cette opinion.

Pourquoi avez-vous fait des dons pour la légalisation de la drogue et l'étude des différents aspects de la mort aux Etats-Unis ?

Je ne défends pas la légalisation de la drogue mais je suis pour l'étude de différentes approches du problème. Il en va de même pour la mort et son cortège de questions. Voilà des domaines où l'incompréhension et les préjugés jouent un rôle extrêmement important, où les meilleures intentions du monde ont des conséquences inattendues. Le remède est souvent pire que le mal.

Essayer de lutter contre la drogue par des lois ne fait souvent qu'aggraver le problème. Assimiler la consommation de la drogue à un crime est une approche erronée car c'est la dépendance qui est au cœur du problème. Si vous faites voter des lois déclarant les drogues illégales, vous ramenez l'ensemble du problème à une question de criminalité. Je crois que la politique d'éradication totale de la drogue repose sur une idée fausse : on ne peut pas éradiquer la dépendance, pas plus que la pauvreté, la mort ou la maladie. Il existe chez certaines personnes des structures psychiques qui les exposent davantage à la dépendance – et des situations où les gens vont chercher à s'échapper de la réalité. Une Amérique libérée de la drogue est utopique. On peut entraver l'usage de la drogue, interdire son utilisation, soigner les gens qui en sont dépendants, mais on ne supprimera jamais les drogues. Une fois que vous avez compris cela, vous êtes en mesure d'aborder ce problème de façon plus rationnelle. L'ennui, c'est qu'il est très difficile d'ouvrir un débat rationnel sur ce sujet.

Il ne fait aucun doute que les drogues sont néfastes, bien que les différentes catégories ne soient pas équivalentes. Certaines sont dangereuses pour les utilisateurs tandis que le crack ou les hallucinogènes le sont également pour les autres. Conduire, ou accomplir un travail comportant des responsabilités, est dangereux quand on est sous l'influence de la plupart des drogues. Certaines entraînent une dépendance. D'autres non, comme la marijuana, qui est relativement sans danger, mais il suffit de regarder des consommateurs réguliers pour voir qu'ils sont diminués. Ce qui est également vrai des alcooliques.

Empêcher les enfants de se droguer, de boire de l'alcool et même de fumer des cigarettes est hautement souhaitable. Mais faut-il pour autant transformer l'usage de la drogue en acte criminel ? Tout indique que cela produit l'effet contraire et multiplie les dealers. La criminalisation engendre tout un mythe qui attire les jeunes plutôt qu'il ne les dégoûte, surtout quand le mythe est éloigné de la réalité. La criminalisation de la drogue crée le criminel. Cela donne des dealers et des drogués qui commettent des crimes pour se procurer leur dose quotidienne.

Mais, personnellement, êtes-vous pour la légalisation de la drogue ?

De ce point de vue-là, je suis agnostique. Je n'ai pas encore choisi, et d'une certaine façon, je n'y tiens pas. Je veux bien discuter de ces sujets en privé, mais non pas prendre position publiquement parce que, si je vois très bien ce qu'il faut éviter, je ne vois pas très clairement ce qu'il faudrait décider. Un certain nombre de démarches seraient certainement judicieuses, par exemple se concentrer sur le traitement des toxicomanes et non sur l'application des lois. Je suis également certain que si on légalisait certaines drogues, pas toutes, mais celles qui sont le moins nocives et provoquent le moins de dépendance, on pourrait réduire la criminalité, disons de 80 %. Les économies que l'on ferait à cette occasion pourraient être utilisées pour des traitements.

Mais les gens sont tellement sensibilisés qu'une campagne pour la légalisation heurterait l'opinion et irait à l'encontre du but recherché. Voilà pourquoi j'apporte mon soutien à plusieurs types d'initiatives. Certaines vont à l'encontre de la légalisation et d'autres y sont plus favorables. Moi, je me refuse à avoir un avis.

Je me souviens d'une vieille plaisanterie hongroise d'avant la révolution de 1956, quand le Parti communiste essayait d'encourager ses membres à exprimer plus librement leurs pensées. A la fin de chaque réunion, le secrétaire du Parti demandait à tous de donner leur opinion personnelle. L'un d'eux répondait régulièrement : « Je suis tout à fait d'accord avec le camarade secrétaire. » Le secrétaire finit par s'exclamer : « Mais enfin, vous avez bien une opinion personnelle ! » Et l'autre de répondre : « Oui, mais je suis en complet désaccord avec elle. » Si, dans le même esprit, j'évoquais ces « idées avec lesquelles je suis en désaccord », j'indiquerais deux ou trois choses : j'établirais un réseau de distribution strictement contrôlé qui permettrait de mettre légalement en vente la plupart des drogues, à l'exclusion des plus dangereuses comme le crack. Au départ, je maintiendrais des prix assez bas pour anéantir le marché. Une fois cet objectif atteint, j'augmenterais les prix, un peu comme les impôts indirects sur le tabac, mais je ferais une exception pour les drogués déclarés afin de leur éviter de se lancer dans la criminalité pour acheter leur dose. J'utiliserais une partie des revenus pour la prévention et le traitement. Et j'encouragerais la réprobation sociale envers la consommation des drogues.

Et le « projet sur la mort » ? De quoi s'agit-il ?

J'envisage ma fondation un peu sous le même angle. En Amérique, il y a une négation généralisée de la mort. Elle n'est pas hors la loi mais proscrite. Je le sais par expérience. Quand mon père était sur le point de mourir, je ne voulais pas le savoir. Je refusais d'affronter la situation. Je pense que ce fut une erreur tragique de ma part.

On nous a tout dit sur le sexe, mais très peu sur la mort. Pourtant, mourir est encore plus répandu que faire l'amour. On ne peut pas y échapper et il faut bien l'accepter.

J'ai découvert un groupe d'experts, des gens qui

consacrent leur vie à ce problème. C'est à eux de décider. Je n'ai pas de programme, pas de calendrier particulier à ce sujet. Eux, si. Le fil conducteur, s'il y en a un, c'est d'encourager les familles à s'impliquer dans le processus et de réduire l'effet déshumanisant des traitements médicaux. Je crois que l'on devrait aider les malades à mourir à la maison, entourés de leur famille. Je voudrais que les gens acceptent l'idée de la mort, de façon qu'elle ne soit pas une expérience terrifiante à la fois pour le mourant et pour la famille. En pratique, la plupart des gens meurent à l'hôpital. Donc le projet porte essentiellement sur l'éducation du personnel soignant.

L'utilisation de la technologie pour prolonger la vie quand elle n'a plus de sens est absurde. Cela provoque des souffrances inutiles, sans parler des dépenses. Accepter la mort calmerait cette obstination à prolonger la vie à tout prix.

Et l'euthanasie ?

Les experts sont profondément divisés et le « projet sur la mort » ne prend pas position. Personnellement, je pense que c'est dommage, mais ils ont peut-être raison : il y a beaucoup de travail à accomplir sur l'aspect culturel de la mort sans se mêler de son aspect le plus controversé.

Vous occupez une position très particulière : ne travaillant pas pour le gouvernement et n'étant pas un politicien qui doit répondre de ses actes devant un électorat, vous ne dépendez de personne. Vous échappez à tout contrôle. N'avez-vous pas trop de pouvoir ?

Je suis le milliardaire libéral traditionnel. Je n'ai jamais laissé l'argent dont je disposais me guider dans mes œuvres philanthropiques. Je crois que je suis très différent des milliardaires engagés en politique comme Ross Perot aux Etats-Unis ou Berlusconi en Italie. Différent également de ces autres milliardaires, Robert Maxwell ou Armand Hammer, qui ont fait des affaires en nouant des liens avec les pays communistes. Mais ce n'est pas à moi de juger !

7

LE PHILOSOPHE RATÉ

Les convictions du financier et celles du philosophe sont fondées sur... notre incapacité à appréhender parfaitement le réel. Et, pour George Soros, les théories ne s'appliquent pas au monde de l'économie : l'action des acteurs économiques, leurs conceptions remodèlent les modèles. C'est pourquoi la finance n'est pas une science, mais une alchimie ; et aussi pourquoi la société ouverte, qui se fonde sur notre incapacité à tout comprendre, est si difficile à promouvoir. Sisyphe de la philosophie, le milliardaire se désespère parfois de ne pas avoir trouvé le système philosophique qui permettrait de convaincre tout le monde de la justesse de ses idées... faillibles.

La réflexion est, dites-vous, votre première préoccupation aujourd'hui. Peut-on dire que vos diverses occupations, de l'investissement à la philanthropie, ont une racine philosophique commune ? Faut-il y voir l'explication de votre activité incessante ?

Le but de ma vie a probablement été d'essayer de transformer les éléments disparates de mon existence en un tout cohérent. Quant au fil conducteur, il tient en une seule phrase : je crois dans ma propre faillibilité. Cette formule joue, pour moi, le même rôle que le « je pense, donc je suis » de Descartes. En réalité, l'affirmation de Descartes renvoie seulement à la personne qui pense, tandis que la mienne se réfère également au monde dans lequel nous vivons. Les malentendus et les idées fausses qui président à nos décisions aident à donner forme aux événements auxquels nous participons. La faillibilité joue le même rôle dans les affaires humaines que la mutation dans la biologie. Cette idée m'a guidé dans ma vie avant même que je puisse la condenser en une seule phrase. J'ignore si elle peut avoir le même sens pour les autres, ce n'est pas à moi de le dire.

Comment la connaissance de vos limites et de votre capacité à vous tromper vous a-t-elle guidé dans votre vie?

De façon très pratique, elle m'a aidé à faire de l'argent et à en distribuer. Mais je n'ai pas bâti ma vie autour de l'argent, qui n'est qu'un moyen, et non pas un but. Je me suis concentré sur l'argent parce que j'en ai reconnu l'importance – exagérée – dans nos sociétés où les valeurs se définissent en termes de valeur commerciale. Nous apprécions les artistes selon leur cote financière. Souvent, les politiciens s'estiment eux-mêmes à ce qu'ils « pèsent ». J'ai été reconnu non pas en raison de mes idées philosophiques ou de ma philanthropie, mais parce que j'ai su amasser de l'argent. Ce préjugé en faveur de la richesse est un bon exemple de ce que j'entends aussi par faillibilité.

Pour traduire ce concept en termes concrets j'affirmerai que nos constructions mentales, à quelques exceptions près, sont fausses. Si elles contiennent un élément de vérité, cet élément a des chances d'être exagéré au point qu'il déforme la réalité.

Un des moyens en notre pouvoir pour lutter contre notre compréhension imparfaite des choses est de transférer nos connaissances, expériences ou intuitions à des zones qu'elles ne couvrent pas. C'est vrai pour la perception visuelle, où nous remplissons notre point aveugle sans difficulté aucune, et nous procédons de même avec les constructions mentales les plus complexes. J'entends par là les créations de notre pensée, qu'elles logent dans les méandres de notre esprit ou s'expriment dans le monde extérieur, sous forme d'un langage ou d'institutions comme les marchés financiers, les différents régimes de taux de change, l'ONU, les nations en tant qu'Etats, les structures juridiques. Les constructions mentales qui nous habitent vont de simples perceptions sensorielles à des systèmes complexes de croyances qui peuvent se relier ou non au monde qui nous entoure. Celles qui trouvent leur mode d'expression constituent une large part du monde dans lequel nous vivons.

La meilleure façon d'expliquer ce que j'entends par des constructions mentales imparfaites est d'examiner les exceptions. Nous savons élaborer des raisonnements dont nous sommes capables de juger s'ils sont exacts. Dans la mesure où nous pouvons nous appuyer sur ces raisonnements justes, nous sommes capables d'atteindre à la connaissance. Ce n'est que lorsque nous allons au-delà de ces raisonnements « bien formés » que nos constructions se révèlent imparfaites.

Il nous faut donc examiner les raisonnements qui sont à notre portée. Il existe des énoncés isolés qui correspondent à des faits spécifiques et il y a des règles qui permettent la déduction d'énoncés exacts à partir d'autres énoncés, notamment en mathématiques et en logique. Notre plus grande réussite est la science, où nous combinons des affirmations singulières avec des généralisations applicables sur un plan universel pour donner forme à des explications et des prédictions. Mais, comme Karl Popper l'a démontré, de telles généralisations ne peuvent pas être vérifiées mais seulement falsifiées. Elles sont hypothétiques par nature, toujours sujettes à la falsification. Le trait commun à toutes ces formes de connaissance, c'est qu'il existe des faits ou des règles qui pourraient servir de critères fiables pour juger de leur vérité ou de leur validité si seulement nous savions comment les appliquer. Ce qui fait la fiabilité d'un critère, c'est son indépendance par rapport aux énoncés auxquels il est appliqué et aux gens qui l'appliquent.

Considérez notre position en tant qu'êtres humains essayant de comprendre le monde dans lequel ils vivent : nous ne pouvons limiter notre pensée à des sujets indépendants de cette même pensée. Nous devons prendre des décisions concernant notre vie et pour cela, soutenir des points de vue qui n'ont pas les qualités requises pour accéder au niveau de la « connaissance ». Donc nous sommes dans l'obligation de recourir à des croyances.

Reconnaître la condition humaine ne se définit pas comme une connaissance mais il en découle un ensemble de croyances. C'est du moins ce que je crois quand j'affirme ma propre faillibilité. En la proclamant, j'exprime une croyance, raisonnée, certes, et qui trouve sa place dans une philosophie, mais n'en demeure pas moins une croyance. Je ne peux pas le prouver de la même façon que Descartes affirmait sa propre existence. J'ai essayé mais je n'y suis pas parvenu. Il y a quelque chose de contradictoire dans le fait d'être capable de prouver sa propre faillibilité et il est logique qu'un sujet ne puisse y parvenir. Je me contente donc de revendiquer comme une croyance la vérité de mon affirmation.

Cela implique que nous ayons besoin de certaines croyances. Nous ne pouvons pas nous appuyer uniquement sur la raison. La rationalité a son utilité, mais elle comporte aussi des limites. Si nous insistons pour rester dans les limites de la raison, nous ne pouvons pas affronter le monde dans lequel nous vivons. Par contraste, croire dans notre propre faillibilité peut nous mener bien plus loin.

La philosophie est devenue une matière universitaire alors qu'elle devrait jouer un rôle plus central. On ne peut pas vivre sans un ensemble de croyances raisonnées. Mais peut-on suivre un ensemble de croyances raisonnées basées sur la conviction qu'il est inhérent à ces croyances d'être imparfaites ? Oui, et, dans ma vie, j'ai été guidé par ma propre faillibilité. Cela ne m'a pas mal réussi mais j'ai eu moins de succès quand il s'est agi de communiquer mes idées et de les faire accepter.

Très influencé par Karl Popper, non seulement par sa « société ouverte », mais plus encore par sa philosophie des sciences, j'ai accepté son idée que notre compréhension du monde dans lequel nous vivons est essentiellement imparfaite. J'ai attribué cette imperfection au fait que nous appartenons au monde que nous essayons de comprendre tout en contribuant à le façonner.

En tant qu'étudiant en économie, j'ai trouvé bizarre que les théories économiques classiques, dont celle de la compétition parfaite, présupposent une connaissance parfaite. J'étais assez faible en mathématiques, donc je préférais questionner les hypothèses plutôt que d'étudier les équations qui en découlaient. C'est ainsi que j'ai élaboré ma théorie de la réflexivité, qui reconnaît une interaction entre la pensée et la réalité.

Mon investigation m'a conduit du problème de l'autoréférence et du paradoxe du menteur par le biais de la théorie des types et de la logique positiviste de Bertrand Russell, à ma théorie de la réflexivité. Epiménide, un philosophe crétois, affirmait : « Les Crétois mentent toujours. » Si cette affirmation était exacte, les Crétois ne mentaient pas toujours. Donc, cette affirmation était fausse. Le paradoxe naissait du fait qu'Epiménide faisait une énonciation autoréférentielle. Mon concept de la réflexivité est tiré de l'idée d'autoréférence, qui donne naissance à l'incertitude logique. J'ai affirmé que celle-ci est liée à une incertitude causale parce que les participants opérant à partir d'une connaissance imparfaite influent sur le cours des événements.

Je ne suis plus tellement sûr, aujourd'hui, qu'il soit nécessaire de s'attacher à l'autoréférence pour justifier le concept de réflexivité. J'ai perdu trois années de ma vie – de 1963 à 1966 – à ne réfléchir qu'à ça...

Il y a quelque chose de paradoxal à vouloir prouver que notre compréhension est nécessairement imparfaite. J'avais parfois le sentiment d'y arriver, mais je me prenais toujours les pieds dans mes arguments. Peut-être m'étais-je attelé à une tâche impossible, à moins que je ne sois un mauvais philosophe. Sans doute les deux. Peut-être faut-il passer trois ans à tourner en rond pour mesurer enfin sa propre faillibilité. Mais en y réfléchissant, on peut, sans y passer trois ans, accepter qu'un homme pensant soit dans l'impossibilité de fonder ses décisions sur la connaissance. La connaissance est liée aux faits, alors que les décisions des hommes ne le sont pas. Elles sont en relation avec une chose à venir, qui, le temps de se convertir en fait, va englober les décisions. Cela étant admis, si la pensée des « participants » et l'état des affaires présentes ne peuvent être identiques, ils ne peuvent pas non plus être indépendants l'un de l'autre. La relation est plus compliquée.

D'un côté, la réalité se reflète dans la pensée des gens – je nomme cela la fonction cognitive ; de l'autre, la réalité est affectée par les décisions des gens – j'appelle cela la fonction de participation. Vous noterez que les deux fonctions s'exercent dans des directions opposées et se recoupent sur une surface restreinte : les gens pensent aux événements qui sont affectés par leurs décisions. Ces événements ont une structure différente des événements étudiés par les sciences naturelles. Ils ont besoin qu'on y réfléchisse différemment. Je qualifie ces événements de « réflexifs ». Les sciences naturelles s'occupent des événements qui ont lieu indépendamment de ce que l'on peut penser d'eux. Donc, elles peuvent les traiter comme une série de faits. Quand des hommes participent aux événements, la chaîne de cause à effet ne mène pas directement d'un ensemble de faits au suivant. Dans la mesure où la pensée du participant joue un rôle, cela mène des faits aux perceptions, des perceptions aux décisions et des décisions à l'ensemble des faits suivants. Il y a aussi le lien direct entre un ensemble de faits et le suivant, qui est caractéristique de tous les phénomènes naturels. Mais le lien le plus détourné ne peut pas être négligé sans qu'on introduise une distorsion. La distorsion n'a que peu d'incidence quand la pensée des gens est proche de la réalité. Elle devient signifiante quand la perception et la réalité sont éloignées ; la fonction cognitive et la fonction participative peuvent interférer l'une avec l'autre. Quand cela se produit, elles introduisent un élément d'incertitude à la fois dans la pensée du participant et dans l'état actuel des choses.

Plus concrètement ?

Par exemple, lorsque vous tombez amoureux. Les sentiments de l'autre à votre égard sont très influencés par vos propres sentiments et vos propres actions. M'aime-t-elle ? Oui ou non ? Il y a là un sentiment d'incertitude qui n'existerait pas s'il s'agissait d'une question de connaissance. Mais c'est une affaire d'interaction et l'interaction des émotions peut produire tout un éventail de résultats, dont certains sont durables et d'autres pas. Quand vous tombez amoureux, il se passe des choses bizarres. Ce serait assez inapproprié de traiter l'amour comme un fait objectif indépendant des croyances des participants.

La nature réflexive des relations humaines est tellement évidente que la question que j'aimerais poser est la suivante : pourquoi la réflexivité n'a-t-elle pas été reconnue à sa juste valeur ? Pourquoi, par exemple, la théorie économique l'a-t-elle délibérément ignorée ? Parce qu'elle est inconciliable avec le but de la science analytique, qui est de fournir des prédictions et des explications déterminées. La réflexivité fiche la pagaille en introduisant un élément d'incertitude.

Pour le démontrer, j'invoquerai le modèle de science analytique de Popper, un modèle d'une parfaite élégance. Il est composé de trois types d'énoncés : les conditions spécifiques initiales, les conditions spécifiques finales, et les généralisations de l'applicabilité universelle. Ces trois types d'assertions peuvent s'agencer de trois façons différentes : les généralisations combinées aux conditions initiales amènent les prédictions, combinées avec les conditions finales elles fournissent des explications, et la combinaison des conditions spécifiques initiales avec les conditions spécifiques finales donne un test pour les généralisations. Pour que l'expérience soit possible, les généralisations doivent être intemporelles.

J'aime la simplicité de ce modèle. Popper l'utilisait pour résoudre les problèmes d'induction, qui vont du particulier au général. Il démontrait que la méthode scientifique n'a pas besoin de la logique inductive : elle peut la remplacer par l'expérience. Seules les théories qui peuvent être expérimentées sont considérées comme scientifiques.

J'aimerais utiliser ce modèle pour démontrer que la réflexivité y fait des ravages. Si une interaction réflexive peut changer à la fois la pensée des participants et l'état des choses, les généralisations intemporelles ne peuvent pas être testées. Ce qui s'est passé une fois ne se répétera pas forcément quand vous recommencerez l'expérience, et toute la belle structure s'écroule. Pas étonnant ! Sous-tendant le modèle, il y a l'hypothèse tacite d'un univers déterministe. Si les phénomènes n'obéissaient pas à des lois universelles valides de toute éternité, comment ces lois pourraient-elles être utilisées pour prévoir et expliquer ?

Comment votre théorie de la réflexivité se relie-t-elle au principe d'incertitude d'Heisenberg dans la physique des quanta ? Certains critiques affirment que votre théorie n'est rien d'autre qu'une adaptation de ce principe.

L'incertitude dont je parle est différente. Elle affecte non seulement le sujet, mais aussi les théories qui s'y rattachent. Heisenberg a établi le principe d'incertitude. A partir de là, la physique des quanta a produit des généralisations statistiques qui ont des capacités significatives de prédiction et d'explication. Le principe d'incertitude affirme que l'observation des phénomènes quantiques affecte leur comportement. Mais ce principe lui-même, ou n'importe quelle autre théorie liée à la physique des quanta, n'affecte pas le comportement des phénomènes quantiques. Donc ces phénomènes fournissent un critère fiable pour juger de la validité des théories.

Supposez maintenant que je propose une théorie qui prédise les réactions des marchés financiers : cela va sans aucun doute affecter le comportement de ces marchés. Mais en affectant les critères qui permettent de juger de la validité de la théorie ou des énonciations, cela crée un type d'incertitude différent de celui de la physique des quanta.

Voulez-vous dire qu'à la Bourse, une théorie vérifiée peut se révéler fausse et une théorie fausse s'avérer exacte?

Je dis plus que cela. J'affirme que la notion ordinaire de vérité doit être révisée. Il semblerait que les deux catégories habituelles – vrai ou faux – ne soient pas suffisantes. Les positivistes logiques affirment que les énonciations qui ne sont pas vraies ou fausses n'ont aucun sens. Je ne suis pas du tout d'accord. Les théories qui peuvent affecter le sujet auquel elles se réfèrent sont tout sauf absurdes. Elles peuvent changer le monde. Elles sont un exemple du rôle actif que la pensée peut jouer pour façonner la réalité. Je propose trois catégories – vraie, fausse et réflexive. La valeur des énonciations réflexives en termes de vérité est indéterminée. Il existe d'autres énonciations à valeur indéterminée en termes de vérité, mais on peut s'en passer. Or on ne peut pas vivre sans énonciations réflexives. Faut-il vraiment insister sur la portée de ma proposition? Rien n'est plus fondamental pour notre pensée que notre concept de la vérité.

Prenons un petit exemple. A l'heure actuelle, la croyance la plus répandue est que les marchés sont parfaits, ce qui découle de la constatation que les réglementations gouvernementales échouent à remplir leur fonction. Si vous introduisez une troisième catégorie de jugement, le réflexif, il devient évident que l'échec de la réglementation ne veut pas dire que les marchés non réglementés sont parfaits et vice versa. Les deux organisations sont imparfaites et le choix entre les deux est réflexif.

Les énonciations réflexives manquent d'un critère indépendant pour juger de leur vérité, leur valeur en termes de vérité est incertaine, et cependant elles sont loin d'être absurdes. On ne peut pas s'en passer pour affronter le monde et elles ne sont pas des reflets passifs de ce qui est. Elles participent de l'élaboration de notre monde. Sans aucun doute, il existe une réalité en dehors de notre pensée, une réalité que nous ne pouvons plier à notre volonté. Notre pensée, nos énonciations se situent à l'intérieur de cette réalité, elles en font partie intégrante. D'une certaine façon, nous en sommes venus à imaginer que le monde et notre vision du monde constituaient des univers séparés mais semblables, et qu'il était possible d'établir entre eux une correspondance où les énonciations reflètent les faits. Cette image est fausse et trompeuse. Elle convient à la méthode scientifique, à des systèmes axiomatiques comme les mathématiques et la logique, mais pas à des êtres pensants.

Comment se situent des sciences sociales comme l'économie par rapport à cela ?

Popper affirmait que des méthodes et des critères semblables s'appliquaient aux sciences sociales et aux sciences naturelles. Il appelait cela la doctrine de l'unité de la méthode. J'ai quelques doutes sur cette doctrine et je les ai exprimés dans l'expression « alchimie de la finance ». La notion de « science sociale » est une fausse métaphore : des événements réflexifs ne peuvent être expliqués et prédits par des lois universellement applicables.

Je crois maintenant que j'ai poussé mon raisonnement trop loin. Il est possible d'appliquer les méthodes et les critères des sciences naturelles à des phénomènes sociaux, ils produisent des résultats intéressants dans les limites de leurs références. Ce qui exclut la réflexivité. Par exemple, la théorie économique est valide en tant que construction mentale hypothétique dans laquelle la réflexivité n'est jamais envisagée. Quand nous appliquons les conclusions de la théorie économique au monde réel, elles peuvent nous donner une image déformée. C'est particulièrement évident pour les marchés financiers, où la réflexivité joue un rôle important. La théorie des probabilités rationnelles et des marchés efficaces est hautement trompeuse.

L'économie a essayé d'imiter la physique. Les économistes classiques ont pris Newton comme modèle, oubliant que Newton a perdu une fortune dans les spéculations de la South Sea Bubble. Pour eux, la seule façon d'imiter la physique était d'éliminer la réflexivité du sujet abordé, d'où l'hypothèse de la connaissance parfaite, qui a plus tard été réduite à la théorie de l'information parfaite. Lionel Robins, mon professeur à la London School of Economics, a fini par trouver le parfait subterfuge. Il disait que l'économie n'est concernée ni par les moyens ni par les fins, mais seulement par la relation entre les moyens et les fins. En d'autres termes, les fins et les moyens doivent être pris tels quels. C'était un procédé méthodologique pour éliminer jusqu'à la possibilité d'étudier les interactions réflexives.

Popper a attaqué le marxisme et la psychanalyse freudienne sur le fait que ces théories se réclamaient de la science alors qu'elles ne pouvaient pas être falsifiées au cours d'expériences. Je suis d'accord, mais j'irai encore plus loin. Je pense que son argument contre le marxisme s'applique également à des idées hautement respectables comme la théorie de la compétition parfaite, qui affirme que, dans certaines circonstances, la poursuite sans frein de l'intérêt personnel mène à la répartition des ressources la plus efficace.

Je ne méprise pas l'économie, construction mentale très élégante, mais je remets en question son mode d'application au monde réel et je me demande si elle survit au test des marchés financiers. Je crois que les performances du seul Quantum Fund rendent caduque la théorie de l'évolution aléatoire.

Je pense que dans leur désir d'imiter les sciences naturelles, les sciences sociales ont fait violence à leur sujet d'étude. Il est grand temps de libérer les phénomènes sociaux de la camisole de force des sciences naturelles, surtout à une époque où les sciences naturelles elles-mêmes connaissent un changement radical. Les sciences analytiques sont limitées aux systèmes clos et c'est pourquoi elles peuvent produire des résultats déterminés. La science de la complexité étudie les systèmes ouverts, en évolution. Elle ne cherche pas à énoncer des prédictions et des explications déterministes. Elle veut tout simplement construire des modèles, mettre en œuvre des simulations – rendues possibles par le développement de la technologie des ordinateurs – ou élaborer des généralisations philosophiques qui ne visent pas à la capacité prévisionnelle du modèle de Popper.

Cette approche me paraît plus adaptée à l'étude des phénomènes sociaux que la science analytique. Même dans la théorie des systèmes en évolution, la différence entre les phénomènes sociaux et les phénomènes naturels n'est pas suffisamment reconnue.

La plupart des programmes d'ordinateurs traitent de l'évolution des populations. Pour étudier l'interaction entre la pensée et la réalité, nous aurions besoin d'un modèle de constructeurs de modèles dont les modèles, à leur tour, devraient contenir des constructeurs de modèle dont les modèles, à leur tour, etc. Que je sache, cela n'a encore jamais été réalisé dans une simulation par ordinateur. Si les modèles doivent servir un but pratique, la floraison infinie des modèles doit s'arrêter quelque part. Le résultat, c'est que les modèles ne peuvent pas réfléchir la réalité dans sa pleine complexité. C'est une autre façon d'arriver à la conclusion que la compréhension des participants est par définition imparfaite.

Comment votre théorie de la réflexivité explique-t-elle et permet-elle de prévoir le cours des événements?

Elle ne le fait pas. Elle ne prétend pas être une théorie scientifique. Le principe d'incertitude d'Heisenberg se préoccupe de probabilités statistiques. Il ne peut pas déterminer le comportement des particules spécifiques, mais il a produit des estimations remarquablement fiables sur les probabilités de certains types de comportement. A l'opposé de cela, mon intérêt se porte sur le cours d'événements spécifiques.

En tant qu'investisseur, je trouve les probabilités statistiques d'un intérêt limité. Ce qui m'importe, c'est ce qui se passe dans un cas précis. Cela est encore plus vrai en ce qui concerne les événements historiques pour lesquels je ne peux faire de prédictions fiables, mais seulement envisager des scénarios. Ensuite, je compare le cours des événements, tels qu'ils se déroulent, avec les hypothèses. Celles-ci n'ont aucune valeur scientifique, mais elles sont d'une grande utilité pratique : elles donnent un appui pour prendre des décisions dans la vie réelle. Je suis incapable de prédire le cours des événements en accord avec des généralisations universellement reconnues, mais je peux élaborer un cadre général qui m'aide à anticiper et à modifier mes pronostics à la lumière de l'expérience.

En d'autres termes, Heisenberg a formulé une théorie scientifique sur l'incertitude, tandis que mon cadre théorique aide à gérer l'incertitude de façon non scientifique. C'est une distinction importante. Selon des critères scientifiques, ma théorie ne vaut rien. Elle ne produit pas de prédictions et d'explications de type déterministe ou probabiliste. Je suis un participant pensant, essayant de donner un sens à la condition humaine, ma situation est fondamentalement différente de celle d'un observateur scientifique.

Est-ce la raison pour laquelle vous aviez appelé votre livre L'Alchimie de la finance *? Parce que vous considérez votre théorie comme de l'alchimie et non comme de la science ?*

Oui. Les alchimistes commettent une grossière erreur en s'efforçant de transformer de vils métaux en or à l'aide de quelques incantations. Avec les molécules, l'alchimie est condamnée à l'échec. Mais avec les marchés financiers, c'est différent, car les incantations peuvent influer sur les décisions des gens qui à leur tour influent sur le cours des événements. Sur les marchés financiers, les théories peuvent altérer la substance à laquelle elles s'appliquent. Par exemple, la théorie du marché efficace a donné naissance à l'utilisation très répandue des produits dérivés, et les produits dérivés sont en mesure, dans certaines circonstances, d'amener des krachs boursiers. Etant obsédé par la vérité, je me permets d'insister : la science sociale est une forme d'alchimie, ce n'est pas une science.

Il est toujours tentant de raconter que vous explorez un champ scientifique. Le mot science est tellement prestigieux que les chercheurs en sciences sociales aiment bien s'en emparer. Ils sont tout aussi fascinés par la vérité que les scientifiques, mais les possibilités qu'ont les sciences humaines de faire de la prestidigitation sont largement refusées aux scientifiques !

Les « sciences humaines » sont une fausse métaphore et je tiens à souligner que ma démarche est plus proche de l'alchimie que de la science.

Cela ouvre tout un champ d'investigations : celui de la relation entre la pensée et la réalité. A peine avais-je gratté la surface du sujet que j'entrevoyais déjà des perspectives intéressantes pour la compréhension des marchés, comme la distinction entre des conditions de quasi-équilibre et les conditions loin de l'équilibre. Il existe en effet des situations où les perceptions et la réalité sont relativement proches, et soumises à des forces qui contribuent à les rapprocher. J'appelle cela un état de quasi-équilibre. Dans d'autres situations, les perceptions et la réalité sont assez éloignées sans qu'aucune force s'exerce pour les rapprocher : je les qualifie de conditions loin de l'équilibre. Il existe deux sortes de déséquilibres : le déséquilibre statique, où les dogmes prévalents et les conditions sociales prédominantes sont fixés de façon rigide mais à une certaine distance les uns des autres. Et un déséquilibre dynamique, où le monde réel et les vues des participants changent si rapidement qu'ils sont dans l'incapacité de prévenir un grand éloignement.

Comme je l'ai dit auparavant, je n'ai pas de réponse claire. Je suis en tout cas certain d'une chose : la ligne de démarcation est en relation avec les valeurs qui guident les gens dans leurs actions. Prenons l'image de l'eau : elle se transformera en vapeur ou en glace en fonction de la pression et de la température. Ici, c'est une question de valeurs. Le problème, c'est que les valeurs ne peuvent être quantifiées comme la température ; donc nous devons chercher une différence qualitative. C'est là que ma démarche devient expérimentale.

Je connais très peu de choses sur les valeurs. J'ai étudié l'économie, mais la théorie économique considère les valeurs comme des données. J'ai étudié la philosophie, mais je me suis concentré sur l'épistémologie et j'ai négligé l'éthique. Pourtant, je possède un instinct assez sûr pour repérer la ligne de démarcation, mais je ne suis pas certain de pouvoir l'exprimer de façon cohérente.

Si j'observe la frontière entre le déséquilibre statique et le quasi-équilibre, je constate que, dans une situation de quasi-équilibre, les gens sont conscients de la différence entre la pensée et la réalité, ils reconnaissent que les deux ne coïncident pas toujours. Ils sont prêts à tirer un enseignement de l'expérience et ils s'efforcent de réaliser leurs aspirations. Ces efforts empêchent leurs pensées de trop s'éloigner de la réalité. Au contraire, dans le déséquilibre statique, les gens ne parviennent pas à distinguer le subjectif de l'objectif, ou bien ils acceptent un dogme comme vérité ultime. Par exemple, l'animisme des sociétés primitives ou des dogmes communistes de l'ancienne Union soviétique.

Mais quand j'en arrive à la ligne de démarcation au cœur du déséquilibre dynamique, j'ai quelque difficulté à formuler clairement ma pensée. La distinction entre la pensée et la réalité devient floue, mais cette fois c'est parce que la réalité est devenue trop instable. Le respect dont elle est l'objet dans des conditions de quasi-équilibre n'a plus cours. Elle devient à la fois plus menaçante et plus malléable. Cette réalité s'accompagne d'une détérioration des systèmes de valeur des participants. L'interaction entre les valeurs et le cours des événements accélère le processus, ce qui nous ramène sur un terrain familier : ce que j'appelle la séquence de boom/bust, l'évolution en dents de scie.

Comment distinguer les processus de boom/bust qui deviennent incontrôlables de ceux qui avortent ? Cette question trouve plus facilement sa réponse sur les marchés financiers que sur le plan de l'abstraction pure. Si vous vous souvenez des divers exemples que j'ai donnés, vous découvrirez que dans tous les cas de figure où le processus échappe au contrôle, il y a une faille dans les valeurs prédominantes. La faille la plus courante, c'est le fait que les valeurs considérées comme fondamentales se révèlent réflexives. Ce fut le cas pour le boom des prêts internationaux : les banquiers croyaient que les taux de dettes qu'ils utilisaient pour déterminer les capacités d'endettement des pays débiteurs étaient indépendants de leurs propres activités de prêteurs. Ou lorsque des gens se sont imaginé que le rendement des actions était indépendant de la valeur des actions elles-mêmes sur le marché. Je pourrais multiplier les exemples, mais il existe une autre source d'instabilité que je n'ai pas mentionnée : quand les gens agissent en dehors de toutes les valeurs fondamentales, quand ils reconnaissent que les marchés sont réflexifs et suivent la tendance, alors ceux-ci deviennent instables. C'est ce qui se passe pour les devises. Comme je l'ai souligné dans *L'Alchimie de la finance*, la spéculation qui suit la tendance prédominante des marchés rend instable un système de taux de change flottant librement, et l'instabilité est cumulative. Plus elle dure longtemps, plus elle s'installe.

En passant des marchés financiers aux processus historiques en général, je dirais que, pour rester dans un système en quasi-équilibre, il faut se mettre d'accord sur certaines valeurs fondamentales, partager les mêmes points de repère pour déterminer qui a tort ou raison. Si on perd ce sens des valeurs en adoptant un comportement opportuniste, la situation devient instable. Et aujourd'hui, cette source d'instabilité nous concerne tout particulièrement. Vous le voyez très bien à la Bourse, où la majeure partie des joueurs sont des investisseurs institutionnels qui ne sont pas concernés par les valeurs fondamentales, mais uniquement par les performances relatives. Et c'est alors que tout le monde court après tout le monde. Cela encourage le comportement moutonnier.

Cela apparaît encore plus nettement dans le système politique, où les politiciens sont guidés par une seule considération : se faire élire. Cela mine les fondements mêmes de la démocratie. Une démocratie représentative se fonde sur l'idée que les candidats présentent leurs idées et que les électeurs choisissent celui qui leur convient le mieux. Mais quand les candidats étudient d'abord les opinions de l'électorat avant de préparer un discours, il se produit un court-circuit et le processus devient instable. La situation est exacerbée par l'utilisation envahissante de la publicité télévisuelle.

Vous pensez que l'état actuel des places financières et les processus électoraux sont de bons exemples de comportements réflexifs ?

Ils sont tous les deux en danger de s'effondrer et cela pour la même raison : ils souffrent d'un manque de valeurs fondamentales. Le problème est plus profond qu'il ne semble à première vue. Selon la théorie de la réflexivité, toutes nos valeurs fondamentales sont imparfaites et, dans certaines circonstances, les failles deviennent apparentes. Cependant, on a besoin de ces valeurs fondamentales pour préserver les conditions de quasi-équilibre. Donc, si nous reconnaissons que les valeurs sont réflexives par nature et abandonnons toutes les valeurs fondamentales, nous rendons la situation encore plus instable. Ainsi il y a quelque chose de contradictoire dans la position de quasi-équilibre. Mais, en fait, cela est assez compatible avec ma théorie de la réflexivité. Si la position de quasi-équilibre était stable, il n'y aurait pas de place pour des conditions loin de l'équilibre. Il faut que le quasi-équilibre demeure précaire.

Que voulez-vous dire ?

En ce qui concerne les marchés, si la théorie de la réflexivité devient largement acceptée, les marchés deviendront plus réflexifs. Je ne souscris pas au concept de la performance relative. Je gère mes fonds uniquement sur la base de la performance absolue et je pense que c'est le bon critère. J'estime que les marchés financiers seraient plus stables si les gens utilisaient des critères de performance absolue plutôt que des critères relatifs. Mais il faut bien reconnaître que le but de l'investissement est la performance. Donc, ce qui importe, c'est de savoir si le cours d'une action va monter ou baisser, et non la valeur fondamentale de l'action. Et si tout le monde se met en quête de la performance relative, le marché oblige à réagir en fonction de ces données. D'une manière générale, j'y vois un problème systémique : afin de garder un système stable, il faut des valeurs fondamentales.

Reprenons l'exemple de la politique. Que se passe-t-il quand les valeurs fondamentales sont imparfaites ou, pis encore, quand on en vient à le croire ! Le système entre dans un état de déséquilibre dynamique. Le problème est que toutes les valeurs fondamentales sont effectivement imparfaites, comme toutes les constructions humaines. Dans certaines circonstances, la faille a des chances d'apparaître et en fin de compte, le défaut potentiel de toutes les valeurs fondamentales apparaît. Comment s'appuyer sur des valeurs dont vous savez qu'elles sont potentiellement déficientes ? C'est là que le bât blesse. La stabilité, les conditions de quasi-équilibre sont hautement souhaitables, et pourtant ma théorie de la réflexivité ébranle toute espèce de foi dans les valeurs fondamentales.

Donc, votre théorie de la réflexivité est elle-même réflexive, comme une prophétie qui annoncerait son propre échec.

Voilà. Cela soulève le problème suivant : comment croire à quelque chose dont on connaît les limites ?

Existe-t-il une réponse ?

Oui. Nous pouvons élaborer un système de valeurs qui accepterait le fait que notre compréhension soit nécessairement imparfaite.

Pouvez-vous préciser ?

Oui, mais il faut d'abord réintroduire les concepts de sociétés ouvertes et fermées. La société ouverte est basée sur la reconnaissance de notre propre faillibilité. La société fermée la nie. Si nous sommes faillibles, la société ouverte est préférable à la société fermée où la liberté de pensée et de choix est absente. Le problème, c'est que ce point de vue n'est partagé que par ceux qui ont personnellement souffert de l'oppression d'une société fermée, ou ont des opinions bien ancrées à ce sujet. Cela ne vient pas naturellement à l'esprit des gens qui profitent des bénéfices de la société ouverte comme d'un droit de naissance.

J'ai récemment eu une expérience intéressante en discutant de ce sujet avec un public intelligent en Angleterre. Quelqu'un a dit :

– Je n'avais jamais compris que je vivais dans une société ouverte.

C'est très grave. La liberté ressemble à l'air qu'on respire : elle va de soi. Mais d'un autre côté, c'est différent : si vous ne vous attachez pas à la liberté, si vous ne la protégez pas, vous avez des chances de la perdre.

Il se passe la même chose avec la pollution atmosphérique.

Vous avez raison. L'analogie va plus loin que je ne le pensais. Dans les deux cas, il s'agit de l'intérêt général.

Bref, le concept d'une société ouverte repose sur la reconnaissance de sa propre faillibilité. Comment transformer cela en valeur fondamentale, tout le problème est là. Je l'ai résolu à mon niveau personnel, mais je ne suis pas sûr de pouvoir transmettre mon expérience. Il n'est pas facile de défendre une forme d'organisation sociale basée sur l'idée que l'on peut avoir tort. Il faut démontrer que la vérité absolue est inaccessible. Cela prend du temps, beaucoup de temps, parce qu'il faut développer les arguments que j'ai présentés ici. Il arrive que le temps manque, surtout si vous vous querellez avec quelqu'un qui a un revolver à la main.

Lorsque j'ai revu Karl Popper à Prague, juste avant qu'il ne meure, il m'a raconté comment, des années plus tôt, il avait essayé de défendre ce point de vue auprès d'un homme en maillot de bain au bord d'un lac en Autriche.

L'homme a répondu :

– Moi, je ne discute pas, je tire.

Et il a remis son uniforme de SS.

Bizarrement, dans le monde d'aujourd'hui, nous sommes confrontés au même type de problème. Si nous voulons une société ouverte, nous devons nous préparer à la défendre. Il nous faut y croire, comme à l'intérêt commun auquel les intérêts de l'individu doivent être subordonnés. Mais parmi les gens qui se prétendent attachés à la démocratie et aux marchés libres, très peu veulent bien souscrire à cette opinion.

C'est trop abstrait.

Oui, mais un concept abstrait semble à l'heure actuelle rallier de nombreux suffrages : l'idée de la libre concurrence. On baigne là-dedans : permettez aux gens de poursuivre leurs propres intérêts, assure-t-on, et les mécanismes du marché s'occuperont du reste. Cet argument sous-entend que les marchés ont toujours raison. Comme vous le savez, je pense exactement le contraire. Les constructions mentales sont imparfaites et l'absence d'efficacité des réglementations gouvernementales ne garantit pas qu'une absence de contrôle soit préférable. Les mécanismes du marché fonctionnent mieux que le reste pour la seule raison qu'ils provoquent des réactions et permettent aux erreurs d'être corrigées. Cela me rappelle Churchill parlant de la démocratie : c'est le pire des systèmes, à l'exception des autres.

Je crois à l'économie de marché et à la démocratie. Mais je ne suis pas d'accord avec les promoteurs du laisser-faire sur un point : poursuivre son intérêt personnel ne suffit pas. Il faut placer l'intérêt commun au-dessus de l'intérêt personnel dans l'économie de marché, sinon le système n'y survivra pas.

Les marchés financiers, instables par nature, ont besoin d'être supervisés par une autorité explicitement chargée de préserver ou de rétablir sa stabilité. L'histoire a montré que des marchés non réglementés ont toutes les chances de s'effondrer. La création des Banques centrales est le résultat d'une série de crises bancaires.

Mais ici, on est confronté à une autre difficulté : les régulateurs ne sont pas plus parfaits que les marchés – ils sont même souvent plus défectueux –, donc les réglementations engendrent toujours des conséquences indésirables.

D'une manière générale, on introduit un contrôle quand un dysfonctionnement apparaît dans les mécanismes du marché, mais les réglementations introduisent à leur tour des distorsions et finalement les contrôles échouent eux aussi. On passe donc du laisser-faire à l'autre extrême : le contrôle excessif. Ces mouvements de balancier me semblent inévitables. La question essentielle est de mesurer l'amplitude de ces oscillations. Sont-elles contenues dans les limites du tolérable ou vont-elles au-delà ? Dans un système financier ou politique fonctionnant correctement, les contrôles sont si subtils qu'on ne les remarque même pas, mais quand tout s'effondre avec pour conséquence un krach ou une dépression, les contrôles peuvent brusquement devenir excessifs. Si les sociétés ouvertes n'étaient pas sujettes aux effondrements, il n'y aurait pas de place pour les sociétés fermées.

Donc vous voyez l'histoire comme un grand graphique où les sociétés fermées alterneraient avec les sociétés ouvertes ?

Pas du tout. Ce serait le cas si l'histoire suivait un parcours prédéfini. L'idée maîtresse de mon approche est que le cours des événements est indéterminé. Une société ouverte se prolongerait indéfiniment si les gens prenaient la peine de la protéger – sa durée ne tient qu'à eux. Les sociétés fermées ont parfois semblé éternelles ou ont essayé de se persuader qu'elles l'étaient. L'alternance de sociétés ouvertes et fermées que vous mentionnez n'appartient pas à l'histoire : c'est un schéma que nous introduisons dans l'histoire quand nous posons une distinction entre sociétés ouvertes et fermées. Si telle est notre seule distinction, ce sera le seul schéma que nous pourrons observer.

Les concepts de sociétés ouvertes et fermées ne sont pas vraiment historiques. L'histoire est liée au temps tandis que ces concepts en sont détachés. Il se trouve qu'ils sont pertinents à ce moment précis de l'histoire. Ils sont particulièrement éclairants si on se penche sur la révolution de 1989. Mais il y a eu des périodes où d'autres distinctions étaient mieux adaptées.

Si la société ouverte n'est pas un concept historique, qu'est-elle ?

Un concept strictement théorique, basé sur la divergence entre la pensée et la réalité. Il y a deux façons d'aborder cette divergence. Les sociétés ouvertes reconnaissent qu'il y a discordance et les sociétés fermées la nient. Ce sont des concepts abstraits qui, dans les conditions actuelles, peuvent être envisagés, mais jamais tout à fait définis, sinon il n'y aurait pas de divergence entre la pensée et la réalité.

Comment les sociétés ouvertes et fermées se relient-elles à votre définition des conditions de quasi-équilibre ?

Les sociétés ouvertes correspondent à des conditions de quasi-équilibre et les sociétés fermées à un déséquilibre statique. Cela n'est pas surprenant puisque les deux dichotomies partent des mêmes prémisses, à savoir que les participants agissent à partir d'une compréhension imparfaite.

Où le déséquilibre dynamique se situe-t-il dans ce schéma ? Le quasi-équilibre peut être assimilé à la société ouverte, et la rigidité extrême à la société fermée, mais où placer l'extrême versatilité ?

Dans ce cas, on se trouve dans une période de changement de régime. C'est un processus condensé dans le temps plutôt qu'un état des choses promis à une certaine durée. Comme les quanta dans la théorie d'Heisenberg, qui peuvent être alternativement considérés comme des particules ou des ondes.

La distinction entre quasi-équilibre et loin de l'équilibre et la distinction entre sociétés ouvertes et fermées vont fusionner dans l'étude du changement de régime. Je m'intéresse de très près au changement de régime, mais j'aimerais rappeler qu'on peut observer toutes sortes de régimes : les régimes politiques, économiques, les régimes dominants dans certaines sociétés, industries ou institutions. Chacun d'entre nous y est confronté dans sa vie privée puisqu'il peut épouser successivement plusieurs femmes, qu'il existe différentes écoles de pensée, de style, etc.

Toute ma vie j'ai connu des changements de régime, en théorie et en pratique. Je n'ai pas beaucoup avancé sur le plan théorique parce que je n'ai jamais été capable de définir ce qui constitue un régime. Il s'agit bien d'une construction mentale, oui, mais de quel type ?

Dans la vie, on a peu de chances de trouver des régimes fonctionnant isolément. Même sur les marchés financiers, les enchaînements de boom/bust sont souvent ponctués de chocs extérieurs. Par exemple, l'enchaînement de boom/bust, autrement dit la succession d'accélérations et de coups de frein de l'investissement international, s'est accompagné de la crise mexicaine.

J'ai accumulé beaucoup d'expériences pratiques, et en m'y prenant très tôt puisque j'ai commencé à apprendre à quatorze ans, en tant qu'enfant juif sous l'occupation nazie, puis sous l'occupation soviétique en Hongrie. Quand je suis devenu actif sur les marchés financiers, je me suis spécialisé dans les enchaînements de boom/bust. Quand j'ai lancé une fondation, je me suis trouvé pris dans une révolution.

Comment votre concept des sociétés ouvertes ou fermées se rattache-t-il à la théorie du boom/bust, de ces enchaînements très heurtés ?

C'est difficile d'étudier séparément les processus de boom/bust et les changements de régime en général, car les régimes ne sont pas isolés. De plus, la relation entre eux n'est pas très nette. Ils ne s'emboîtent pas gentiment, les plus petits à l'intérieur des grands. Ils se font, se défont et se chevauchent au hasard des événements. Voilà pourquoi on parle tellement de chocs extérieurs.

De ce point de vue, les sociétés ouvertes et fermées sont assez particulières. Elles sont globalisantes. Elles contiennent tous les autres régimes. Cela les rend particulièrement intéressantes pour l'étude des changements de régime. C'est assez exceptionnel de pouvoir étudier la montée et la chute d'une société fermée qui embrasse autant de domaines que le système soviétique.

Les sociétés ouvertes ou fermées sont assez particulières d'un autre point de vue : elles constituent des idéaux auxquels les gens peuvent aspirer. Je me suis engagé avec fougue du côté des sociétés ouvertes, les reconnaissant comme une forme souhaitable d'organisation sociale, mais, en tant qu'idéal, elles ne sont pas sans épines. L'instabilité, une insuffisance de valeurs sont quelques-uns de leurs graves défauts. Donc la société ouverte représente, a priori, un idéal assez peu enthousiasmant. La vision offerte par les sociétés fermées est beaucoup plus séduisante. Mais dans ce cas, on reste très éloigné de la réalité. Dans les sociétés ouvertes, on en demeure assez proche. Pour choisir ce type de société, il faut être capable de mesurer la divergence entre la pensée et la réalité.

Qu'est-ce qui peut faire apparaître la société ouverte comme un idéal ?

L'idée que notre compréhension est essentiellement imparfaite. Cela sonne comme une qualité négative, mais on ne peut pas y échapper : ce qui est imparfait peut être amélioré, à l'infini.

La science en donne le meilleur exemple. La science est la gloire, le couronnement de l'intellect humain, et elle est fermement ancrée dans la conviction de sa propre faillibilité. Si les théories scientifiques incarnaient la vérité ultime, nul n'aurait besoin de les mettre à l'épreuve et les progrès scientifiques s'arrêteraient là. La science représente un cas un peu à part car elle dispose d'un critère fiable, à savoir les faits. D'autres sphères de l'exploration humaine – la philosophie, les arts, la politique, l'économie – sont moins bien servies si on se place d'un point de vue critique. Pourtant, une fois que vous avez abandonné les impossibles exigences de la perfection, vous ouvrez le chemin au progrès. Quand vous regardez cette évidence en face, vous voyez que les sociétés ouvertes sont généralement associées au progrès et à la prospérité.

Mais la société ouverte souffre toujours du même défaut fatal : les citoyens qui y vivent ne l'acceptent pas comme un idéal valant la peine d'être défendu. Et on voit assez bien pourquoi. Cette société accorde la liberté de choisir. Si cette liberté est refusée, cela vaut la peine de se battre mais, si elle est accordée, cela ne suffira pas : il va falloir encore faire des choix. On n'est jamais un simple démocrate mais un social-démocrate, un démocrate libéral, un démocrate chrétien, etc. Les démocrates se battent toujours entre eux, tandis que ceux qui défendent une société fermée restent unis et disciplinés.

Cela signifie que la société ouverte est condamnée à l'échec ?

Pas du tout. Tant qu'elle est admise en tant que valeur de référence, les différents démocrates s'affrontent tout en résistant à ses ennemis. Même si elle est son pire ennemi, car elle n'est pas reconnue comme valeur, aspect que Popper a oublié de relever. Comme je l'ai dit auparavant, les gens sont prêts à mourir pour leur roi et leur pays – encore que cela soit devenu extrêmement rare – mais certainement pas à mourir pour le concept de la société ouverte.

Pourquoi les Américains devraient-ils mourir pour une société ouverte dans un autre pays ?

Bonne question. La Déclaration d'indépendance américaine proclame que tous les hommes sont créés égaux. Enoncé sous cette forme, c'est loin d'être évident, mais pris comme une définition de la condition humaine, cela peut se justifier. Nous sommes tous égaux devant la mort et l'imperfection. Ce qui peut servir de base aux valeurs universelles.

Je ne comprends toujours pas comment la conscience de votre propre faillibilité mène à votre idée de société ouverte comme pilier des valeurs universelles.

Ce n'est pas évident. Je peux exposer mon point de vue, qui me semble particulièrement convaincant, mais cela ne signifie pas que les autres vont le partager. Je dois reconnaître que d'une certaine façon je suis quelqu'un d'exceptionnel. Je ne parle pas de l'intelligence mais de l'argent. Peu de personnes en possèdent plus qu'elles n'en ont besoin. Être de celles-ci me place dans une situation à part, comme si j'étais exempté des lois de la gravité. Je peux me permettre de vivre selon ma fantaisie et ma fantaisie c'est de promouvoir l'idée de la société ouverte. Mais là, je suis confronté à ma propre faillibilité – contrainte à laquelle je ne peux échapper.

Pour amener l'avènement d'une société ouverte, il n'est pas suffisant d'y croire. L'ensemble de la société doit aussi partager cette conviction. Et sur ce point, j'ai été grandement déçu. J'ai rencontré des gens qui vivaient sous un régime communiste et croyaient passionnément à l'idée de la société ouverte, bien qu'ils ne lui aient pas donné ce nom. Je n'ai pas eu besoin de me perdre dans des explications : nous partagions les mêmes valeurs. Je pouvais leur apporter mon appui, leur donner des moyens d'agir par le biais de mes fondations. Je savais aussi, grâce à mon bagage théorique, que les sociétés ouvertes souffrent d'un manque de valeurs. J'avais le sentiment que l'Europe avait besoin d'un second souffle parce que les traités ne suffisaient pas à lui donner corps et je croyais que l'Europe de l'Est, avec son attachement passionné à l'idée de société ouverte, pourrait lui insuffler cette inspiration. Ne riez pas. Je l'ai vraiment cru.

Mais les événements m'ont apporté un démenti. L'Occident a manqué cette occasion et la flamme de la révolution s'est éteinte. Il est maintenant difficile de parler d'un attachement passionné aux perspectives d'une société ouverte dans les pays anciennement communistes. Avec mes fondations, ne suis-je pas en train de poursuivre un rêve impossible ? Dans leur grande majorité, ceux qui travaillent dans ces fondations croient à une société ouverte. Dans ce sens-là, je ne me sens pas seul. Mais je leur ai épargné les contraintes qui accablent les autres en leur procurant de l'argent. Nous cédons à un fantasme commun. Pour transformer notre rêve en réalité, la société dans son ensemble doit partager les valeurs de la société ouverte. Mais je vois là une difficulté insurmontable. Comme ce concept est en recul, elle n'a aucun caractère d'urgence. Mais supposez que ces pays réussissent, après une période de transition, à rejoindre les sociétés ouvertes. Ils suivraient les traces des sociétés occidentales, poursuivraient leurs intérêts propres sans se soucier du concept en tant qu'idéal. Cela se passe déjà ainsi en République tchèque.

Voilà pourquoi j'ai recentré mon attention sur les sociétés occidentales. Il faut qu'elles considèrent la société ouverte comme un bien commun. Mais j'hésite sur les moyens à utiliser pour y parvenir. Habituellement, on extrapole à partir de ses propres convictions. J'ai lu quelque part dans Aristote que les hommes se créent des dieux à leur image mais, dans mon cas, ce serait une folie. Je suis dans une impasse. Je vois bien que je vais à contre-courant. En tant qu'investisseur, dans une telle situation, je m'empresserais de battre en retraite. Mais les enjeux sont trop importants. Je vois clairement que la tendance dominante menace la survie de notre civilisation. Il y a des batailles perdues d'avance qui valent la peine d'être livrées.

Laissez-moi vous aider un peu. D'abord, prouvez-moi que votre conscience de la faillibilité mène à votre concept de la société ouverte. C'est un point qui n'est pas encore très clair.

Je croyais qu'il l'était mais je veux bien recommencer. Si personne n'est en possession de la vérité ultime, il nous faut élaborer une organisation sociale qui assure aux gens le droit de choisir.

Mais si personne n'est en possession de la vérité ultime, qu'est-ce qui vous donne le droit d'imposer votre forme d'organisation sociale aux autres ?

Ce qui est écrit dans la Constitution américaine et a inspiré la Constitution britannique.

Mais il manque l'argument qui m'amènerait à me battre pour les sociétés ouvertes dans les autres pays.

Tout le problème est là. On a besoin d'un ordre mondial qui assure la promotion et protège les principes de la société ouverte, mais le besoin n'en est pas reconnu. Nous n'avons jamais connu d'ordre mondial, alors pourquoi aujourd'hui ? Les relations entre Etats sont constamment dictées par le pouvoir, la paix et la stabilité ont toujours dépendu de l'équilibre des pouvoirs. Mais l'équilibre remarquablement stable qui a prévalu pendant la guerre froide s'est rompu et n'a pas été remplacé. Nous avons besoin de trouver un terrain commun, un concept universel qui nous permettrait de résister aux dictatures nationalistes ou fondamentalistes qui vont chercher à émerger à travers des conflits. Je crois que le concept de société ouverte pourrait nous fournir cette base commune, mais ma conviction n'est guère partagée. Sans valeurs communes et sans équilibre des pouvoirs, notre civilisation va être anéantie. Voilà le message que je m'évertue à faire passer. Jusqu'à présent j'ai échoué, à la fois en tant que philosophe et en tant que militant.

8

LE POUVOIR ET LE MYTHE

L'argent? Il lui a donné la possibilité de réaliser ce qu'il désirait plus que tout : diffuser sa pensée. George Soros a toujours été convaincu qu'il avait des idées à communiquer à ses semblables. Il a toujours voulu s'inscrire dans l'histoire. Mais c'est seulement en devenant un milliardaire qu'il a réussi à se faire écouter. C'est grâce à sa fortune qu'on l'a pris au sérieux et qu'il est finalement devenu un homme d'influence, un « homme d'Etat sans Etat », qui n'a plus d'intérêts à défendre, mais seulement des principes à faire triompher.

Vous jouissez maintenant d'un grand pouvoir personnel. Dans quelle mesure votre vie en est-elle changée?

En mieux, malgré certains aspects négatifs. Dans l'ensemble, j'ai toujours souhaité une tribune pour faire entendre mes idées et je n'y suis pas arrivé pendant la plus grande partie de ma vie. C'est seulement après la crise de la livre sterling que je suis devenu un personnage public, ce qui a changé ma position dans la société. Maintenant, mon principal souci est de savoir si ma pensée est à la hauteur de l'audience qu'elle reçoit.

A partir de 1989, j'ai cessé d'éviter la presse, comme je le faisais auparavant. C'était en octobre ou novembre 1989, quand j'ai voulu joindre le président Bush pour l'entretenir d'une nouvelle politique à l'égard de ce qui s'appelait encore l'Union soviétique. Je n'ai jamais pu obtenir ce contact. Je suis allé jusqu'à Larry Eagleburger, qui était alors vice-ministre des Affaires étrangères, mais pas plus loin. C'est alors que j'ai décidé d'écrire un livre. Mais avant, j'ai essayé de rencontrer le Premier ministre britannique, Margaret Thatcher, parce que je voulais qu'elle soutienne un plan d'action pour l'Union soviétique. J'avais le sentiment, comme elle était crédible à la fois aux Etats-Unis et en Europe, qu'elle était la seule personne capable d'orienter le monde dans la bonne direction. Je n'ai pas pu la rencontrer. Je lui ai fait parvenir quelques notes mais n'ai pas obtenu de rendez-vous. Elle m'a appelé alors qu'elle n'était plus au pouvoir pour me demander conseil sur la meilleure façon de monter une fondation. Je n'ai pas non plus réussi à rencontrer Gorbatchev. Il m'évitait parce qu'il craignait de parler économie avec moi. Donc, même à cette époque où j'étais pourtant assez actif et influent, certaines portes demeuraient fermées. L'ironie, c'est que ni mon action philanthropique ni mes idées philosophiques ne m'ont gagné une notoriété, mais ma capacité à faire de l'argent. J'ai acquis de l'importance en provoquant la dévaluation de la livre sterling, et ce fait illustre parfaitement les valeurs qui dominent aujourd'hui dans notre société.

Tout le monde dit que j'ai beaucoup de pouvoir. Mais qu'est-ce que cela signifie exactement ? Faire bouger les marchés ? Peut-être, mais à la condition de deviner de quel côté souffle le vent, sinon je me ferai couper la tête. Puis-je influencer les gouvernements ? J'en entrevois maintenant la possibilité, grâce à la réputation que je me suis faite. Je n'ai jamais courtisé la presse. Je me suis contenté de donner une interview à la télévision sur la crise de la livre sterling dans l'émission *Money World* d'Adam Smith. Et une autre en Angleterre qui m'a propulsé dans les médias comme l'« homme qui a ruiné la Banque d'Angleterre ». Si j'avais été plus accessible, la presse aurait essayé de me détruire bien plus rapidement. C'est parce que je ne leur ai jamais couru après qu'ils se sont intéressés à moi. Mais je ne pouvais pas choisir, leurs questions se limitaient aux problèmes financiers, et, la plupart du temps, je me pliais à leurs exigences. Avant 1992, j'avais du mal à faire publier un article sur l'Europe de l'Est dans le *Wall Street Journal* ou le *New York Times*.

Dans l'ensemble, j'ai eu une excellente presse dans la plupart des pays occidentaux. C'est seulement quand on s'est fatigué de m'entendre vanter mes bonnes actions que l'on a voulu me chercher quelques problèmes, ce qui ne me dérange pas outre mesure. A cause de mon pouvoir exagéré, je suis devenu une cible de choix pour les discours antisémites qui alimentent l'éternelle théorie du complot juif. S'il y a jamais eu un homme qui convenait au stéréotype du Juif-ploutocrate-sioniste-bolchevique, c'est bien moi. On parle de plus en plus souvent de moi en ces termes dans l'Europe de l'Est et aussi, jusqu'à un certain point, en Europe de l'Ouest, mais beaucoup moins en Amérique. Comme quoi les bonnes actions sont toujours punies! Mon objectif en créant l'Open Society Foundation était d'aboutir à une société où ce genre de théories tomberait en poussière. Mais en devenant l'avocat de la société ouverte, j'ai concentré sur moi une sorte de pouvoir mystique qui a finalement nourri la théorie de la conspiration.

L'antisémitisme a des racines très profondes. Il remonte bien loin avant Hitler, aux pogromes du siècle dernier, qui eux-mêmes plongent leurs racines dans un passé encore plus lointain. Il subsiste dans les replis de l'inconscient et remonte à la surface en période de turbulences, de troubles, de confusion.

Vos origines juives ont-elles influencé le développement de vos idées?

Evidemment. Mettez-vous à ma place, j'ai été confronté à l'extermination à l'âge de quatorze ans parce que j'étais juif. A cette époque, j'ai pris conscience du problème dans toute son horreur, mais il était tapi dans mon inconscient depuis le jour de ma naissance. J'ai passé une bonne partie de ma vie à m'y confronter.

Le fait que vous soyez juif a-t-il quelque chose à voir avec votre attachement au concept de société ouverte?

Sans aucun doute. Quand vous regardez de quelle manière les Juifs réagissent aux persécutions, vous découvrez qu'ils ont tendance à rechercher une ou deux portes de sortie, toujours les mêmes. Soit ils transcendent leurs problèmes en se tournant vers quelque chose d'universel, ou alors ils s'identifient à leurs oppresseurs et tentent de devenir comme eux. Je venais d'une famille assimilationniste et j'ai choisi la première voie. Une troisième possibilité est le sionisme, la fondation d'une nation où les Juifs sont majoritaires.

Je m'intéresse à la condition humaine sur un plan universel, le sionisme ne me tente pas. Mais j'ai le sentiment qu'en tant que Juif je n'ai pas le droit de m'opposer à l'Etat d'Israël, à moins d'en devenir citoyen. Si je m'y étais installé, je serais la plupart du temps dans l'opposition, comme de nombreux Israéliens. Mais j'ai préféré m'abstenir. Peut-être était-ce une solution de facilité.

Je suis allé en Israël et je me suis déclaré favorable à la réconciliation avec les Arabes que le gouvernement Rabin-Pérès essayait de mettre en place. J'ai raconté à Pérès, qui était encore Premier ministre, ma rencontre avec le président polonais Jaruzelski avant la réconciliation qui avait amené Solidarnosc au pouvoir en Pologne en 1989. Jaruzelski m'avait dit qu'il était prêt à négocier avec n'importe qui mais pas avec les membres de Solidarnosc, qu'il considérait comme des traîtres. Je lui avais répondu qu'il commettait une lourde erreur, car les dirigeants de ce syndicat étaient des patriotes très désireux de conclure un accord, même si leur base de soutien, les ouvriers de l'industrie lourde, risquaient d'avoir à pâtir des réformes économiques. On m'a rapporté que mes arguments avaient fait une forte impression sur Jaruzelski. Je ne sais pas avec Pérès. Sans être opposé à toutes les formes du sentiment national, je condamne le nationalisme qui affirme « mon pays est mon pays, qu'il ait tort ou raison ». Incidemment, cette attitude est davantage celle de la diaspora que celle des gens vivant dans les pays concernés. La diaspora a fait beaucoup de mal en Irlande, en Grèce ou dans les Etats baltes, sans parler d'Israël. Cela dit, le sentiment de faire partie d'une nation, ou la revendication d'une identité ethnique, m'apparaissent comme un aspect positif des sociétés ouvertes, une source bénéfique de diversité.

Je suis fier d'être juif, mais je dois admettre qu'il m'a fallu toute une vie pour en arriver là. J'ai souffert d'un sentiment d'infériorité qui est le fléau des assimilationnistes. C'est un lourd fardeau dont je n'ai pu me débarrasser qu'en acceptant mon succès. Pour moi, être juif implique que l'on appartient à une minorité. Je crois que le génie juif existe. Il suffit de regarder le succès des Juifs dans les domaines de la science, de la vie économique et des arts. C'est le résultat de leurs efforts pour transcender leur statut de minoritaires et accomplir quelque chose d'universel. Ils ont appris à considérer chaque question de différents points de vue, même les plus contradictoires. Cet aspect minoritaire les oblige pratiquement à en passer par l'esprit critique. Si je possède une parcelle du génie juif, je la dois à cette capacité critique. Dans cette mesure, la judaïté est un élément essentiel de ma personnalité et, comme je l'ai déjà dit, j'en suis très fier.

Je suis également conscient que je porte une part d'utopie juive dans ma façon de penser. Mes fondations me rattachent à cette tradition. Voilà pourquoi le concept de l'Union européenne me passionne tellement. Là, toutes les nations sont minoritaires, et c'est la raison qui fait que ce projet me tient à cœur.

On a toujours tendance à partir du personnel pour se projeter dans l'universel. La plupart des gens élaborent leurs principes à partir de leur expérience personnelle et je ne fais pas exception à la règle. Donc, pour répondre à votre question initiale – mes opinions ont-elles quelque chose à voir avec mon héritage juif ? – je dirai oui, sans hésiter. Et je ne vois pas en quoi cela poserait un problème.

On ne peut pas attaquer l'antisémitisme de front et on

ne le fera pas disparaître en l'interdisant. Cela reviendrait à le balayer sous le tapis. L'éducation reste la meilleure façon de l'aborder. L'antisémitisme est la consolation des ignorants. Si vous l'amenez au grand jour et l'exposez à la lumière, il se fane. Comme le disait le juge Brandeis, « Le soleil est le meilleur des désinfectants ». C'est ce qui s'est passé en Hongrie. Un groupe d'extrême droite m'a attaqué, avec ma fondation, pour diffusion d'idées « non hongroises ». Mais ils ont commis l'erreur de développer leurs théories. L'opinion publique les a jugées peu convaincantes et ils ne sont pas entrés au Parlement.

Dans ce contexte, je trouve très dérangeante la mystique qui m'entoure sur les marchés financiers. Les aléas des marchés sont effectivement assez mystérieux et moi-même je ne les comprends pas tout à fait. Il m'a fallu longtemps pour me rendre compte que je n'avais pas conscience de mon influence. Par exemple, nous avions fait une offre pour racheter une chaîne d'hôtels en faillite, CIGA, mais Sheraton a surenchéri et l'a emporté. Et le contrôle de l'affaire lui a échappé parce que les actionnaires ont souscrit à de nouvelles actions : si Soros voulait la société, alors eux aussi...

Aujourd'hui, notre réputation n'est plus aussi déterminante. Ce que je voulais illustrer est que mon influence sur les marchés financiers n'est pas totalement imaginaire, mais plutôt alchimique. Et l'alchimie se nourrit de la tournure d'esprit qui engendrera les théories de la conspiration. Vous n'avez aucune idée des élucubrations hallucinantes dont les journalistes d'Europe de l'Est sont capables. Ils ont l'habitude de procéder par sous-entendus. C'est pratiquement impossible de les confronter à des faits. Et il arrive que la presse occidentale ne soit pas plus glorieuse.

J'ai acquis beaucoup d'autorité, c'est un fait, surtout dans certains des pays où j'ai des fondations. On dit que les Etats n'ont que des intérêts et aucun principe. On peut affirmer la même chose des hommes politiques. En tant qu'homme d'Etat sans Etat, j'occupe la position inverse : je n'ai que des principes et pas d'intérêts. C'est ce qui me confère une certaine autorité. Situation étrange pour un spéculateur en Bourse, mais très gratifiante. Je ne voudrais l'abandonner pour rien au monde ! Donc, même si j'avais un « agenda caché », des projets secrets, comme le prétend parfois la presse, je ne pourrais pas me permettre de les concrétiser. Comment voulez-vous que les journalistes comprennent cela ? Moi-même, jusqu'à une date récente, je ne le voyais pas très clairement.

Je ne veux pas poser à l'altruiste. Je ne crois pas qu'il soit possible d'agir sans motivations personnelles. Je tiens à vous rappeler que j'ai attendu d'être riche avant de me lancer dans la philanthropie. Il s'agit de la vieille magie de l'intérêt composé – si vous faites des bénéfices de 30 à 40 % par an pendant vingt-cinq ans, vous gagnez une quantité d'argent impressionnante même si vous commencez avec très peu, et la quantité d'argent que j'ai amassée est colossale.

Je dirais que la grande différence entre moi et d'autres qui ont gagné des sommes comparables, c'est que je m'intéresse essentiellement aux idées et ne fais pas grand-chose de mon argent en ce qui me concerne personnellement. Mais si je ne possédais pas de fortune, on n'aurait pas fait grand cas de mes idées.

Mes fondations en appuient d'autres, qui poursuivent des buts similaires, mais je limite mon aide à mes seules fondations. Je suis très ferme là-dessus, parce que si je commençais à faire des exceptions, je n'en verrais pas la fin. Par exemple, je refuse de financer des chaires universitaires, des orchestres symphoniques ou des opéras.

Les choses matérielles ne vous ont jamais procuré des plaisirs essentiels. Vous ne faites collection de rien.

Non. C'est totalement étranger à ma nature : j'ai un esprit abstrait, et une collection est la chose la plus concrète que l'on puisse imaginer. Il ne suffit pas d'acheter un certain nombre de peintures ou d'avoir des bouteilles de vin dans votre cave, il faut encore que vous vous souveniez de leur nom. Je trouve cela ennuyeux.

Les affaires, ce n'est pas très compliqué. Beaucoup de gens d'intelligence moyenne s'en sortent bien. Mais les gens vraiment intelligents peuvent faire des fortunes s'ils s'y investissent vraiment. Quelqu'un qui veut devenir riche peut travailler à n'importe quoi. Toute la journée il pense à la façon dont il va pouvoir faire de l'argent. Si cela implique d'ouvrir des stands de cireurs de chaussures, eh bien il le fera.

Quand j'étais étudiant, j'ai lu un livre qui s'intitulait *The Adventure of Ideas*, d'Alfred North Whitehead. Je dirais que ce qui m'intéresse, c'est l'aventure des idées. Penser est l'aspect le plus important de mon existence. Je suis assez contemplatif. J'aime comprendre. Quand j'étais jeune, je me suis livré à la spéculation philosophique. J'ai perdu une bonne partie de ma jeunesse à régurgiter certaines idées, puis j'ai découvert que j'apprendrais davantage en passant par l'action. Donc, je suis devenu un penseur actif, ma pensée décidait de mes actions, qui elles-mêmes jouaient un rôle important pour améliorer ma façon de penser. Cette interaction entre la pensée et l'action est devenue la marque de ma philosophie et de mon existence.

Quels bénéfices matériels avez-vous tirés de votre statut de milliardaire ?

Le bénéfice le plus tangible, c'est que je peux jouer au tennis dans d'excellentes conditions. Il y a aussi d'autres avantages, bien sûr, par exemple la possibilité de rencontrer des gens intéressants.

Malheureusement, maintenant que je suis invité partout, je n'ai le temps d'aller nulle part. Mais je m'investis dans des projets passionnants. Je suis littéralement fasciné par l'histoire car j'ai le désir profond de l'influencer. Détail intéressant, je commence à être guéri de ma dépendance :

autrefois, j'aurais fait pratiquement n'importe quoi pour me sentir important, avoir un impact. Mais maintenant que je commence à être exaucé, je deviens plus réservé, moins pressé d'exercer mon influence. Cela améliore mon efficacité car je ne me jette plus dans des situations impossibles. Je garde une certaine distance. Je n'impose pas mes idées, j'attends que les gens me demandent mon avis. Etre un acteur sur la scène de l'histoire me fascine, mais je ne ressens plus le besoin d'être important.

Comment voyez-vous votre place dans l'histoire?

C'est un point d'interrogation. Je me suis taillé une place de financier et, quoi qu'il arrive, il y a peu de chances que je la perde; au pire, elle s'érodera peut-être un peu. J'ai également eu un impact dans les pays où mes fondations sont installées. Mais mes idées exerceront-elles une influence? Suis-je capable de les formuler et de les communiquer correctement? Valent-elles la peine d'être énoncées? C'est ce qui m'importe le plus et, dans ce domaine, je n'ai aucune certitude. Ce sont ces mêmes idées qui m'ont servi à faire de l'argent et à le redistribuer. Cela m'a bien réussi mais ne veut pas dire que ma démarche ait une valeur universelle. Au contraire, puisque, par bien des aspects, je suis une exception. Possédant plus d'argent que nécessaire, je me suis libéré des lois de la pesanteur : je peux me permettre de me battre pour des principes abstraits. Mais comment exiger une telle attitude des autres alors que je n'ai agi dans ce sens qu'à partir du moment où j'ai eu fait fortune ? Si je m'étais battu plus tôt pour ces principes, je ne serais peut-être jamais devenu riche. Voilà ce qui me préoccupe, avec la société ouverte considérée comme un objectif politique : les gens ont-ils les moyens de se battre pour elle ?

J'ai certaines difficultés à passer du subjectif à l'objectif. Pour moi, les abstractions sont très importantes. Elles sont chargées d'émotion et d'expériences personnelles. Peuvent-elles avoir le même sens pour les autres ? Je me le demande.

Mais si les gens ne reconnaissent pas la société ouverte comme un objectif qui mérite que l'on se batte pour lui, comment notre système survivra-t-il ? C'est le problème auquel je ne cesse de me heurter au cours de mes pérégrinations, et je ne connais pas la réponse. Là, je suis coincé. Et nous le sommes tous.

Nos capacités, à nous humains, sont limitées. Pendant les soixante premières années de ma vie, je me suis essentiellement heurté aux obstacles extérieurs. Mais en gagnant du pouvoir et de l'influence, je suis devenu très conscient de mes limites émotionnelles. Quand je me retrouve confronté aux problèmes humains les plus terrifiants – la Bosnie, la Tchétchénie –, je finis par devenir immunisé. Cela me coûte de l'admettre, mais c'est comme ça. Et je suis également de plus en plus conscient de mes limites intellectuelles. Je pensais que j'avais une contribution positive à apporter au monde, j'ai toujours su que de nombreux problèmes étaient sans solution, mais je pensais amener une nouvelle vision des choses. Je le crois toujours, mais certaines situations me semblent sans solution. Les questions de l'ordre mondial et la réforme de l'ONU sont pratiquement insolubles.

Quand j'étais adolescent, je rêvais d'être un surhomme. J'ai déjà parlé de mes pulsions messianiques. Mais plus j'essayais de m'en inspirer, plus je prenais conscience de mon humanité. Il n'en reste pas moins que je suis parfois surpris de ce que j'ai accompli dernièrement. Je pense à mes œuvres philanthropiques. Quand je constate les résultats, lors de mes voyages, je les trouve impressionnants et très gratifiants.

Je suis conscient de la position que j'occupe et j'essaye de m'en montrer digne, mais elle ne correspond pas à l'image que j'ai de moi-même. Il y a une interaction entre la personne privée et la personne publique. A l'évidence, je joue un rôle dans la vision que je donne de moi-même, mais, en retour, le personnage public contribue à me façonner. Je vois bien dans quel sens il m'a influencé et, dans l'ensemble, j'estime qu'il a eu sur moi des effets bénéfiques.

En privé, je suis beaucoup plus heureux, en harmonie avec moi-même. En d'autres termes, j'aime bien le personnage public, c'est ma création et j'en suis fier. Quel contraste avec l'état d'esprit qui était le mien quand j'étais au sommet de ma carrière de financier! Pour un certain nombre de raisons, j'avais honte de moi, mais depuis, ce malaise s'est dissipé. J'étais également un solitaire alors que maintenant je suis très impliqué dans l'actualité. En résumé, cette image publique qui me représente m'a aidé dans ma vie privée. Comme j'ai largement réalisé mes aspirations, il me reste maintenant du temps pour ma famille et mes amis. Je reste obnubilé par le conflit entre mon père et ma mère, il continuera de vivre en moi jusqu'à ma mort. Mais ces investigations personnelles finissent par avoir des effets secondaires pervers. Mes collaborateurs et moi-même commençons à nous demander si mon réseau de fondations et tout ce que je fais n'ont pas pour objectif de me mettre en valeur. La question mérite d'être examinée. Je ne suis pas à l'abri des accusations de culte de la personnalité, même si j'espère être à l'abri de telles tentations. Or je suis devenu une personnalité publique afin de promouvoir certaines idées. Il est temps, je crois, que je cesse de céder au plaisir de me raconter. Ce livre va être l'ultime expérience de ce genre. J'espère que j'aurai la force de tenir cette résolution.

APPENDICE

QU'EST-CE QU'UN FONDS SPÉCULATIF ?

Ce texte est la transcription d'une intervention de George Soros devant la Commission des affaires bancaires et financières de la Chambre des représentants des États-Unis, le 13 avril 1994. Les députés américains, qui avouaient leur incapacité à comprendre l'évolution des mécanismes financiers internationaux modernes, ont demandé au gourou de Wall Street de leur faire la leçon.

Je suis très heureux d'avoir l'occasion de m'exprimer devant votre commission. Je crois que vous avez de bonnes raisons d'être inquiets à propos de la stabilité des marchés financiers, car ils sont potentiellement très instables et demandent une surveillance constante et assidue afin de prévenir des dislocations sérieuses. La récente volatilité des cours, particulièrement sur le marché des instruments de taux d'intérêt, suggère qu'il faudrait se pencher avec attention sur le mode de fonctionnement des marchés.

Une vue différente des marchés

En préalable, je dois vous dire que je suis en parfait désaccord avec la philosophie dominante. Selon cette théorie, les marchés financiers tendent à l'équilibre et, dans l'ensemble, établissent des projections correctes. Selon moi, les marchés financiers ne peuvent pas établir de projections correctes puisqu'ils déterminent les tendances fondamentales que les projections sont supposées réfléchir. Les marchés entrent alors dans un déséquilibre dynamique et se conduisent assez différemment de ce que l'on considère comme normal d'après la théorie de l'efficacité des marchés. Un tel enchaînement de boom/bust est assez rare mais, quand il survient, il peut se révéler très perturbateur car il touche justement aux fondements de l'économie.

J'aimerais cependant revenir sur un point. Un enchaînement de boom/bust ne peut se développer que si le marché est dominé par un comportement qui consiste à suivre les tendances. J'entends par là des gens qui achètent en réponse à une hausse des cours et vendent en réponse à une baisse, provoquant un effet boule de neige. Pour provoquer un krach boursier important, un tel comportement est nécessaire, mais il n'est pas suffisant.

La question clé que l'on doit alors se poser est la suivante : qu'est-ce qui génère un tel comportement ? Les fonds spéculatifs sont peut-être un des facteurs qui y contribuent, et vous avez raison de vous en préoccuper, bien qu'en ce qui concerne mes fonds spéculatifs, le problème ne se pose pas. Il existe au moins deux autres facteurs beaucoup plus significatifs et qui méritent un examen plus attentif. Le premier est le rôle des investisseurs institutionnels en général et des fonds collectifs en particulier, et le second le rôle des produits dérivés.

Les investisseurs institutionnels

On mesure habituellement les performances des investisseurs institutionnels par rapport à celles de leurs pairs et non dans l'absolu. Ce qui par définition les encourage à se montrer moutonniers. Dans le cas des fonds de gestion collective, cette tendance est renforcée par le fait que l'accès des investissements y est ouvert. Quand le cash afflue, ils ont tendance à réduire leurs taux de liquidités, anticipant des flux à venir. Quand l'argent reflue, ils ont besoin d'emprunter pour assumer les remboursements. Il n'y a rien de nouveau à cela, mais les fonds de gestion collective ont pris une importance énorme, dépassant les fonds spéculatifs, et ils sont à la merci des nombreux actionnaires inexpérimentés qui n'ont jamais investi en Bourse auparavant.

Les produits dérivés

Le problème avec les produits dérivés est que ceux qui les émettent ont pour habitude de se protéger contre les pertes à travers des stratégies dites de « delta » ou de couverture dynamique. En réalité, la couverture dynamique signifie que si le marché évolue contre l'émetteur des options, celui-ci est forcé de suivre, avec pour effet d'amplifier l'évolution initiale. Tant que l'évolution des cours est régulière, il n'y a pas trop de difficultés, sauf, peut-être, l'augmentation de la volatilité, ce qui a pour effet induit d'accroître la demande de produits dérivés. Mais, si le volume de couverture dynamique s'accroît dans des proportions très importantes, les mouvements des prix peuvent devenir erratiques. Et surgit le spectre de la dislocation financière. Dans ce cas, ceux qui ont besoin d'assurer leur couverture dynamique, mais ne sont pas en mesure d'exécuter les opérations correspondantes sur le marché, peuvent subir des pertes catastrophiques. C'est ce qui s'est produit lors du krach boursier de 1987. L'utilisation excessive des techniques d'assurance de portefeuilles en a été la principale responsable. Les portefeuilles d'assurance n'étaient rien d'autre qu'une méthode de couverture dynamique. Les autorités ont introduit des réglementations depuis, nommées des coupe-circuit, qui empêchent l'utilisation de la technique d'assurance de portefeuilles, mais d'autres techniques du même genre se sont multipliées. Celles-ci jouent un plus grand rôle sur le marché des taux d'intérêt que sur celui des actions.

La couverture dynamique a pour conséquence de transférer les risques des clients vers les intermédiaires qui font le marché, et, quand les intermédiaires veulent tous se couvrir en delta au même moment et dans la même direction, il n'y a plus de contrepartie et les marchés s'effondrent. La croissance explosive du marché des dérivés porte en elle-même d'autres dangers. Il y en a tant, et certains d'entre eux sont tellement ésotériques, que les risques peuvent ne pas être très bien évalués, y compris par les investisseurs les plus sophistiqués. Certains de ces instruments semblent spécialement conçus pour permettre aux investisseurs institutionnels de prendre des positions spéculatives qui leur seraient autrement interdites. Par exemple, des fonds obligataires ont investi dans les émissions d'obligations indicielles, provoquant un effet de levier équivalant à dix ou vingt fois la volatilité normale de ce type d'instruments. D'autres instruments offrent l'opportunité d'une rentabilité exceptionnelle en échange d'un risque de perte totale du capital. C'est ce type d'instruments qui a amené la faillite d'un fonds d'un montant de six cents millions de dollars, spécialisé dans ce qu'on appelle les déchets toxiques, c'est-à-dire représentant des parts subordonnées d'obligations hypothécaires. Cette faillite a profondément affecté à la baisse le marché obligataire américain le 4 avril 1994.

Les investisseurs de bon nombre de ces produits dérivés sont des banques d'affaires et commerciales. En cas de faillite en chaîne, les autorités réglementaires peuvent se trouver dans l'obligation d'intervenir pour protéger l'intégrité du système. Dans ce contexte, les autorités ont le droit et l'obligation de surveiller et de réglementer le marché des produits dérivés.

Généralement, les fonds de performance n'interviennent pas comme contrepartie sur les produits dérivés. Leur position naturelle est plutôt d'être utilisateurs. Donc, ils constituent un risque moins important pour le système que les *traders* en produits dérivés des institutions financières. Ne confondons pas la couverture dynamique *(hedge)* avec les fonds spéculatifs *(hedge funds)*. Ils n'ont rien en commun, à part le mot *hedge*.

Qu'est-ce que les fonds spéculatifs, ou de performance?

Je ne suis pas ici pour assurer la défense des fonds spéculatifs. Aujourd'hui, ce terme est utilisé à tort et à travers et couvre un large éventail d'activités. La seule chose qu'ils aient en commun, c'est que les intervenants sont rémunérés sur la base de leurs performances et non par un pourcentage fixe des fonds qu'ils gèrent.

Notre type de fonds spéculatif investit dans un large éventail de valeurs mobilières et diversifie ses risques en recherchant des couvertures de financement et des positions réparties sur de nombreux marchés. Notre mode de fonctionnement ressemble plus à celui d'un investisseur privé sophistiqué qu'à celui d'une institution gérant l'argent des autres. Comme ce type de fonds est rémunéré en pourcentage de la performance absolue, il constitue un antidote sain au comportement moutonnier des investisseurs institutionnels.

Mais la structure de rémunération des fonds de performance est loin d'être parfaite. D'habitude, il existe une asymétrie entre le partage des gains et celui des pertes. Les gérants bénéficient d'une part des profits, mais n'assument pas un pourcentage des pertes éventuelles. Les pertes sont généralement accumulées. Dès qu'un directeur commence à faire des pertes, il est financièrement encouragé à accroître le risque de sa position pour rattraper ses pertes plutôt que de se couper un bras, ce qu'il devrait faire. C'est ce type de comportement qui a été à l'origine de la ruine de l'industrie des fonds de performance à la fin des années soixante, quand je suis entré dans ce métier.

Le Quantum Group of Funds

Je suis fier de dire que le Quantum Group of Funds, auquel je suis associé, ne souffre pas de cette faiblesse, parce que les gérants ont un intérêt patrimonial substantiel dans les fonds qu'ils gèrent. C'est un point très important. Le fait que nous soyons aussi un investisseur constitue une incitation directe et puissante à gérer sainement l'argent. Le Soros Fund Management a un historique de vingt-cinq ans et nous avons toujours été capables de faire face aux appels de marge. Nous utilisons avec parcimonie les options et les produits dérivés exotiques. Nous agissons plus à contre-tendance qu'en suivant le courant. Nos parts dans l'affaire représentent un encouragement puissant à pratiquer une gestion saine de l'argent. Nous essayons de saisir les mouvements très tôt en amont, puis lorsque ceux-ci touchent à leur fin, nous essayons de saisir la tendance suivante. Donc, nous aidons à stabiliser le marché plutôt qu'à le déstabiliser. Nous ne sommes pas une entreprise de bienfaisance, c'est notre façon de faire de l'argent.

Je rejette fermement toute déclaration impliquant que nos activités sont dangereuses ou déstabilisantes. Cependant, il existe une autre source d'inquiétude : nous empruntons de l'argent pour financer nos positions et nous pourrions causer problème si nous étions incapables de répondre aux appels de marge. Dans notre cas, le risque est assez mince, mais je ne peux pas m'engager pour tous les fonds spéculatifs.

Au Soros Fund Management, notre expérience nous a montré que les banques dans leurs relations avec nous s'entourent de toutes les précautions nécessaires. Comme nous revalorisons nos portefeuilles sur une base quotidienne, et communiquons régulièrement avec les banques, cela leur permet de gérer facilement le risque de crédit. Je crois que ce sont pour eux des affaires saines et profitables. Le suivi de nos activités est beaucoup plus simple à gérer que pour les activités qu'ils ont par ailleurs.

Surveillance et réglementations

Il s'agit là d'un domaine que les autorités doivent surveiller. Si des textes réglementaires doivent être mis en place, il faut les appliquer de la même façon à tous les participants du marché. Il serait mauvais de distinguer les fonds spéculatifs.

Et puisque nous en sommes aux régulations, attention aux conséquences induites ! Par exemple, on pourrait concevoir des mécanismes d'appels de marge portant sur les transactions en devises ou en obligations, ce qui risquerait d'amener les intervenants à se porter sur le marché des options ou d'autres produits dérivés dont l'impact peut être encore plus déstabilisant. Une des principales causes du développement des produits dérivés est le désir d'échapper aux réglementations.

J'aimerais établir une nuance entre surveillance et réglementation. Je suis pour une surveillance étroite et un minimum de réglementations. J'aimerais aussi distinguer entre la collecte des informations et leur diffusion auprès du public. Je pense que les autorités ont besoin de beaucoup plus d'informations que le public. En pratique, l'obligation légale de révéler certaines informations a pu à l'occasion avoir des effets non souhaités sur le marché.

En conclusion, je dirai que nous sommes dans une époque favorable à l'évaluation des risques induits par les nouveaux instruments et les récents développements des marchés financiers. Ceux-ci ont récemment subi une correction suffisamment sérieuse pour qu'une enquête ait peu de chances de provoquer le genre de dislocation qu'elle devrait prévenir.

J'aimerais souligner que je ne crois pas au danger imminent d'un krach boursier ou à une faillite en chaîne. Nous avons juste un peu dégonflé une bulle financière. Le résultat, c'est que les conditions du marché sont maintenant beaucoup plus saines qu'à la fin de l'année dernière. Aujourd'hui, il ne serait pas raisonnable de la part des investisseurs de se montrer trop prudents.

J'en ai terminé avec mes remarques d'ordre général. Je suis maintenant à votre disposition pour des précisions supplémentaires. Merci, monsieur le président, messieurs les membres du comité, de m'avoir donné l'occasion de partager ma vision de l'avenir avec vous.

QUESTIONS

Les Etats-Unis sont le seul pays qui ait le privilège de rembourser sa dette dans sa propre devise. Si le dollar était remplacé, nous serions obligé de rembourser cette énorme dette dans une autre devise. Y a-t-il là de quoi s'inquiéter ?

Vous avez raison de vous en inquiéter d'un point de vue général et théorique. Mais je ne vois ni danger imminent ni réel problème pratique. La croissance conjuguée de la dette et de l'inflation est derrière nous.

Dans les grandes banques, les actifs gérés par les principales banques pour leur propre compte ont grossi de 500 % au cours des quatre années qui viennent de s'écouler. En réalité, ils sont beaucoup plus importants que les actifs des fonds de performance. Comment les fonds spéculatifs entrent-ils en compétition avec les positions propres des banques ?

Nous sommes essentiellement des clients des banques, pas des concurrents. Mais elles ont effectivement des positions propres. Elles font à peu près la même chose que nous, c'est un sujet d'inquiétude légitime qui à mon avis demande une surveillance étroite.

Avez-vous des conseils à donner aux ministères des Finances ? Doivent-ils laisser libre le fonctionnement des marchés ou défendre des parités déterminées ?

Je répugne à donner des conseils en cette matière. Mes vues ne correspondent pas à celles de la plupart des experts financiers. Je crois que des taux de change librement flottants ne peuvent pas être maintenus. D'un autre côté, les systèmes de changes fixes risquent toujours des ruptures. Le Système monétaire européen a très bien fonctionné pendant à peu près dix ans, puis il a explosé à cause d'un déséquilibre qui s'est développé après la réunification de l'Allemagne. La survie de l'Union européenne dépendra largement de la mise en place d'un système monétaire unifié, mais ce ne sera pas facile.

De nombreux instruments gérés par les sociétés, les fonds spéculatifs et les banques d'investissement sont conçus pour limiter les risques d'une manière ou d'une autre. Mais le risque systémique va-t-il aller en augmentant ou en diminuant? Des marchés plus étroits et des produits moins sophistiqués ne seraient-ils pas préférables? N'avons-nous pas laissé se développer un système proche du casino?

Les instruments de couverture ont pour objet de transférer le risque de l'individu au système. Plus ces instruments sont utilisés par des fabricants et des *traders* qui ne veulent pas prendre de risques de change, plus le risque est transféré au système. Donc, il existe un danger de déclencher un mouvement erratique. Pour les devises, n'appelons pas cela un krach, mais un *overshoot*, c'est-à-dire une fluctuation de trop grande amplitude dans la valeur d'une monnaie.

Le risque étant passé de l'individu au système, il incombe aux personnes en charge du système de veiller à sa stabilité. Se battre pour soi-même, et uniquement pour soi-même, peut entraîner la chute du système. Voilà le point sur lequel j'aimerais me faire entendre. Le danger existe.

Qu'avez-vous entrepris à ce sujet? Les gouvernements n'ont pas de moyens comparables à ceux des acteurs du secteur privé.

Les personnes en charge du système monétaire doivent coordonner les politiques économiques de telle manière que les fluctuations de change ne soient pas trop importantes. Ainsi, on évite les déséquilibres fondamentaux.

Les fonds spéculatifs influent-ils sur les marchés?

Je suis certain que non. Le Soros Fund Management représente environ 15 % de l'industrie des fonds spéculatifs. Et nous sommes probablement plus actifs sur les devises que les fonds spéculatifs classiques. En moyenne, nos transactions quotidiennes ne dépassent pas cinq cents millions de dollars; cinq cents millions de dollars représentent beaucoup d'argent dans l'absolu, mais quand on sait que les opérations quotidiennes portent sur mille milliards de dollars ou plus, c'est quelque chose comme les quatre dixièmes de 1 % du volume total. Je pense que cela remet les choses en perspective.

Vous dites que les banques peuvent assez facilement maîtriser les prêts qu'elles accordent aux fonds de performance, car ces derniers disposent de bonnes informations, sont cotés grâce aux valorisations quotidiennes, etc. Et vos investisseurs sont des gens avertis, prêts à prendre des risques sur le marché, qui ont sans doute les moyens de faire face à la perte de leur principal si cela devait arriver. De quelle unité est la politique publique dans ce domaine?

En termes d'informations publiques, nous sommes régis par les mêmes règles et réglementations que les autres. Par exemple, la composition de notre portefeuille est accessible au public de la même façon que n'importe quel gros portefeuille institutionnel. Nous avons des obligations d'information. Si nous détenons plus d'un certain pourcentage du capital d'une société, nous devons le rapporter. De cette façon, nos positions obéissent aux mêmes obligations que n'importe quelle autre institution. Ce qui n'est pas soumis à réglementation, ce sont nos relations avec nos actionnaires. En d'autres termes, il n'y a pas de règlements comme ceux de la Securities and Exchange Commission protégeant les actionnaires contre la mauvaise gestion des gérants. Mais, comme je suis moi-même investisseur dans les fonds que je gère, je pense que mes actionnaires bénéficient d'une protection plus solide, puisque nous plaçons tous notre argent au même endroit. Dans ce type de partenariat, les actionnaires n'ont besoin d'aucune protection spécifique.

Vous semblez favorable à plus de surveillance et à une meilleure information.

Les autorités responsables devraient être capables d'apprécier le rôle des fonds de performance dans la chute récente du marché. Elles devraient avoir les moyens de se renseigner et nous sommes tout à fait prêts à collaborer avec elles. Cependant, j'estime qu'il serait sans doute néfaste d'être obligés de dévoiler nos positions en temps plus ou moins réel. Cela rendrait les choses très difficiles pour nous et provoquerait probablement des effets moutonniers chez d'autres investisseurs, encore qu'ils doivent se montrer plus intelligents. Je pense donc qu'il ne serait pas bon d'exiger plus d'informations publiques. Mais si les autorités ont le sentiment qu'il leur en manque certaines, nous sommes disposés à les leur fournir.

Vous nous avez mis en garde contre les conséquences imprévisibles de certaines réglementations. Pouvez-vous nous donner un exemple où une nouvelle réglementation pourrait se retourner contre nous ?

Un exemple évident : mettre en place des appels de marge pour les obligations et les transactions de devises. Aujourd'hui, celles-ci n'existent pas. Il y a des appels de marge pour les opérations sur actions où il vous faut avancer 50 % de votre position en liquide. Vous n'avez rien de tel sur les marchés des valeurs mobilières à taux fixes comme les obligations. Et pourtant, le prix des obligations peut aussi varier. On pourrait donc très bien établir des appels de marge sur les obligations, d'un montant de 5 ou 10 %. Mais si vous mettez des appels de marge à un taux trop élevé, les investisseurs choisiront des options sur obligations plutôt que des obligations, ce qui leur évitera d'avancer des marges.

Le marché des dérivés n'est-il pas en train d'évoluer en termes d'impact sur les marchés mondiaux et domestiques ?

Si. De nouveaux instruments ont été créés, dont certains sont de plus en plus ésotériques. Il y a eu une très nette mutation dans le domaine des produits dérivés. C'est un bon terrain de recherche. Par exemple, les instruments récemment élaborés qui séparent l'intérêt du capital sont très intéressants. Mais je doute qu'ils soient indispensables.

La croissance des investissements extraterritoriaux implique de nouvelles réglementations : lesquelles, à votre avis ?

A l'heure actuelle, tous les types de réglementations doivent être internationaux. Les principales réglementations en cours relèvent d'un accord international et c'est la Banque des règlements internationaux qui est chargée de les faire appliquer. Il faudrait maintenant réglementer l'usage des produits dérivés et ce problème devrait être traité dans un forum international.

L'industrie bancaire est-elle suffisamment prudente?

Chaque boom peut entraîner des excès, mais je ne perçois pas à l'heure actuelle un excès d'investissements. En vérité, je crois que les banques, ayant subi des pertes, se montrent encore très prudentes. D'une manière générale, on ne peut pas les accuser de trop prêter d'argent. La difficulté a été de les amener à le faire...

Quelles sont les principales sources de prêts pour les fonds spéculatifs les plus importants?

Les principaux prêteurs sont les *money center banks*. Les banques d'affaires sont également une grosse source de financement.

Les banques d'affaires prêtent-elles maintenant plus que les banques?

A l'heure actuelle, elles accordent pas mal de prêts, mais je continue de penser que dans ce domaine, elles jouent un rôle moins important que les banques.

Les retraits des fonds collectifs sont-ils une source d'instabilité sur les marchés?

C'est un point que j'ai soulevé sans le développer. Il y a eu un flot important de liquidités dans les fonds communs de placement parce que les certificats de dépôts ont très peu rapporté pendant longtemps. Et cela a créé un début de bulle financière. Je crois que cette bulle s'est dégonflée et que la correction s'est produite.

Pouvez-vous parler des activités de votre fonds?

Nous sommes engagés sur différents marchés. Nous avons un portefeuille d'actions, et spéculons également sur des obligations, certains instruments à taux fixes, et nous le faisons sur une base internationale. Donc nous avons aussi beaucoup de positions sur les devises. Nous utilisons les produits dérivés à un degré bien moindre qu'on ne l'imagine habituellement, en grande partie parce que nous ne comprenons pas très bien comment ils fonctionnent. Comme nous utilisons de l'argent emprunté, nous n'avons pas besoin de chercher des effets de levier avec les options.

George Soros, théorise la finance en y incluant une approche dialectique. Ou plu[s] par la dialectique.

Voir aussi ses analyses sur des pays.

A lire :

F. V. Hayek Road to serfdom
K. Popper Société ouverte et ses ennemis + biblio p. 26
G. Soros Burden of consciousness
Alfred N. Whitehead Adventures of Ideas
G. Soros The Alchemy of finance

Remerciements
à

Annette Laborey
Julia Jurys

TABLE

ÉGALEMENT CHEZ POCKET LITTÉRATURE « GÉNÉRALE »

ALBERONI FRANCESCO
Le choc amoureux
L'érotisme
L'amitié
Le vol nuptial
Les envieux
La morale

ARNAUD GEORGES
Le salaire de la peur

BARJAVEL RENÉ
Les chemins de Katmandou
Les dames à la licorne
Le grand secret
La nuit des temps
Une rose au paradis

BERBEROVA NINA
Histoire de la baronne Boudberg
Tchaïkovski

BERNANOS GEORGES
Journal d'un curé de campagne
Nouvelle histoire de Mouchette
Un crime

BESSON PATRICK
Le dîner de fille

BLANC HENRI-FRÉDÉRIC
Combats de fauves au crépuscule
Jeu de massacre

BOULGAKOV MICHAEL
Le maître et Marguerite
La garde blanche

BOULLE PIERRE
La baleine des Malouines
L'épreuve des hommes blancs
La planète des singes
Le pont de la rivière Kwaï
William Conrad

BOYLE T. C.
Water Music

BRAGANCE ANNE
Anibal
Le voyageur de noces
Le chagrin des Resslingen

BRONTË CHARLOTTE
Jane Eyre

BURGESS ANTHONY
L'orange mécanique
Le Testament de l'orange

BUZZATI DINO
Le désert des Tartares
Le K
Nouvelles (Bilingue)

CARRIÈRE JEAN
L'épervier de Maheux

CARRIÈRE JEAN-CLAUDE
La controverse de Valladolid
Le Mahabharata
La paix des braves
Simon le mage

CESBRON GILBERT
Il est minuit, Docteur Schweitzer

CHANDERNAGOR FRANÇOISE
L'allée du roi

CHANG JUNG
Les cygnes sauvages

CHATEAUREYNAUD G.-O.
Le congrès de fantomologie

CHOLODENKO MARC
Le roi des fées

COURRIÈRE YVES
Joseph Kessel

DAVID-NÉEL ALEXANDRA
Au pays des brigands gentilshommes

Le bouddhisme du Bouddha
Immortalité et réincarnation
L'Inde où j'ai vécu
Journal
tome 1
tome 2
Le Lama aux cinq sagesses
Magie d'amour et magie noire
Mystiques et magiciens du Tibet
La puissance du néant
Le sortilège du mystère
Sous une nuée d'orages
Voyage d'une Parisienne à Lhassa
La lampe de sagesse
la vie surhumaine de Guésar de Ling

DENIAU JEAN-FRANÇOIS
La Désirade
L'empire nocturne
Le secret du roi des serpents
Un héros très discret
Mémoires de 7 vies

FERNANDEZ DOMINIQUE
Le promeneur amoureux

FITZGERALD SCOTT
Un diamant gros comme le Ritz

FORESTER CECIL SCOTT
Aspirant de marine
Lieutenant de marine
Seul maître à bord
Trésor de guerre
Retour à bon port
Le vaisseau de ligne
Pavillon haut
Le seigneur de la mer
Lord Hornblower
Mission aux Antilles

FRANCE ANATOLE
Crainquebille
L'île des pingouins

FRANCK Dan / VAUTRIN JEAN
La dame de Berlin
Le temps des cerises
Les noces de Guernica

GENEVOIX MAURICE
Beau François
Bestiaire enchanté
Bestiaire sans oubli
La forêt perdue
Le jardin dans l'île
La Loire, Agnès et les garçons
Le roman de Renard
Tendre bestiaire

GIROUD FRANÇOISE
Alma Mahler
Jenny Marx

GRÈCE MICHEL DE
Le dernier sultan
L'envers du soleil – Louis XIV
La femme sacrée
Le palais des larmes
La Bouboulina

HERMARY-VIEILLE CATHERINE
Un amour fou
Lola

INOUÉ YASUSHI
Le geste des Sanada

JACQ CHRISTIAN
L'affaire Toutankhamon
Champollion l'Egyptien
Maître Hiram et le roi Salomon
Pour l'amour de Philae
Le Juge d'Egypte
1. La pyramide assassinée
2. La loi du désert
3. La justice du Vizir
La reine soleil
Barrage sur le Nil
Le moine et le vénérable
Sagesse égyptienne
Ramsès
1. Le fils de la lumière
2. Le temple des millions d'années
3. La bataille de Kadesh
4. La dame d'Abou Simbel

JOYCE JAMES
Les gens de Dublin

Kafka Franz
Le château
Le procès

Kazantzaki Nikos
Alexis Zorba
Le Christ recrucifié
La dernière tentation du Christ
Lettre au Greco
Le pauvre d'Assise

Kessel Joseph
Les amants du Tage
L'armée des ombres
Le coup de grâce
Fortune carrée
Pour l'honneur

Lainé Pascal
Elena

Lapierre Dominique
La cité de la joie

Lapierre Dominique
et **Collins Larry**
Cette nuit la liberté
Le cinquième cavalier
Ô Jérusalem
... ou tu porteras mon deuil
Paris brûle-t-il ?

Lawrence D.H.
L'amant de Lady Chatterley

Léautaud Paul
Le petit ouvrage inachevé

Levi Primo
Si c'est un homme

Lewis Roy
Le dernier roi socialiste
Pourquoi j'ai mangé mon père

Loti Pierre
Pêcheur d'Islande

Mauriac François
Le romancier et ses personnages
Le sagouin

Messina Anna
La maison dans l'impasse

Michener James A.
Alaska
1. La citadelle de glace
2. La ceinture de feu
Caraïbes (2 tomes)
Hawaii (2 tomes)
Mexique

Mimouni Rachid
De la barbarie en général et de l'intégrisme en particulier
Le fleuve détourné
Une peine à vivre
Tombéza
La malédiction
Le printemps n'en sera que plus beau
Chroniques de Tanger

Monteilhet Hubert
Néropolis

Morgièvre Richard
Fausto
Andrée
Cueille le jour

Nakagami Kenji
La mer aux arbres morts
Mille ans de plaisir

Nasr Eddin Hodja
Sublimes paroles et idioties

Nin Anaïs
Henry et June (Carnets secrets)

Perec Georges
Les choses

Queffelec Yann
La femme sous l'horizon
Le maître des chimères
Prends garde au loup
La menace

Radiguet Raymond
Le diable au corps

Ramuz C.F.
La pensée remonte les fleuves

Rey Françoise
La femme de papier
La rencontre
Nuits d'encre
Marcel facteur

Rouanet Marie
Nous les filles

Sagan Françoise
Aimez-vous Brahms...
... et toute ma sympathie
Bonjour tristesse
La chamade
Le chien couchant
Dans un mois, dans un an
Les faux-fuyants
Le garde du cœur
La laisse
Les merveilleux nuages
Musiques de scènes
Répliques
Sarah Bernhardt
Un certain sourire
Un orage immobile
Un piano dans l'herbe
Un profil perdu
Un chagrin de passage
Les violons parfois
Le lit défait
Un peu de soleil dans l'eau froide

Salinger Jerome-David
L'attrape-cœur
Nouvelles

Stocker Bram
Dracula

Tartt Donna
Le maître des illusions

Troyat Henri
Faux jour
La fosse commune
Grandeur nature
Le mort saisit le vif
Les semailles et les moissons
1. Les semailles et les moissons
2. Amélie
3. La Grive
4. Tendre et violente Elisabeth
5. La rencontre
La tête sur les épaules

Vialatte Alexandre
Antiquité du grand chosier
Badonce et les créatures
Les bananes de Königsberg
Les champignons du détroit de Behring
Chronique des grands micmacs
Dernières nouvelles de l'homme
L'éléphant est irréfutable
L'éloge du homard et autres insectes utiles
Et c'est ainsi qu'Allah est grand
La porte de Bath Rahbim

Wallace Lewis
Ben-Hur

Waltari Mika
Les amants de Byzance
Jean le Pérégrin

Achevé d'imprimer en février 1998
sur les presses de l'Imprimerie Bussière
à Saint-Amand (Cher)

POCKET - 12, avenue d'Italie - 75627 Paris Cedex 13
Tél. : 01-44-16-05-00

— N° d'imp. 304. —
Dépôt légal : février 1998.

Imprimé en France